VOCABULÁRIO YORÙBÁ

para entender a linguagem dos orixás

Editoras
Cristina Fernandes Warth
Mariana Warth

Coordenação editorial
Silvia Rebello

Produção editorial
Rafaella Lemos

Revisão
Cindy Leopoldo
Tomas Bernardo
Félix Ayoh'Omidire

Capa
Aron Balmas

Projeto gráfico e diagramação de miolo
Ilustrarte Design e Produção Editorial

(Este livro segue as novas regras do Acordo Ortográfico da Língua Portuguesa .)

CIP-BRASIL.CATALOGAÇÃO-NA-FONTE
SINDICATO NACIONAL DOS EDITORES DE LIVROS, RJ

N173p
1ª ed.

Napoleão, Eduardo
Vocabulário Yorùbá / Eduardo Napoleão. – Rio de Janeiro: Pallas, 2011.
224p.

Inclui bibliografia.
ISBN 978-85-347-0437-3

1.Língua ioruba – Dicionários – Português. I. Título.

09-5157.
CDD: 496.333369
CDU: 811.432.561(03)=134.3

Pallas Editora e Distribuidora Ltda.
Rua Frederico de Albuquerque, 56 – Higienópolis
CEP 21050-840 – Rio de Janeiro – RJ
Tel./fax: 55 21 2270-0186
www.pallaseditora.com.br
pallas@pallaseditora.com.br

PALLAS

VOCABULÁRIO YORÙBÁ

para entender a linguagem dos orixás

EDUARDO NAPOLEÃO

PALLAS

1ª edição
4ª reimpressão
2024

INTRODUÇÃO

O yorùbá é um dos mais de 250 idiomas falados na Nigéria. É também uma das línguas naturais faladas em alguns outros países da África Ocidental, a saber, as repúblicas do Benin (antigo Daomé), Togo e Gana. O yorùbá é uma língua tonal; isto quer dizer que ela não considera apenas o som, mas também o tom de cada palavra para lhe atribuir um sentido específico. Por isso, possui acentuações grave, média e aguda associadas às notas musicais: Àmì òkè, tom alto, corresponde à nota musical "mi"; Àmì àárìn, tom médio, corresponde à nota musical "ré"; e Àmì ìsàlẹ̀, tom baixo, corresponde à nota musical "dó".

Até o século XIX a língua yorubana não possuía uma forma escrita. Foi a partir desse século que alguns missionários yorubanos da igreja anglicana (o idealizador do projeto foi Samuel Ajayi Crowder, primeiro bispo africano da igreja anglicana), com a ajuda de alguns de seus colegas estrangeiros, criaram a escrita yorùbá inspirada no alfabeto europeu. O alfabeto yorubano possui 25 fonemas, sendo 18 consonantais e sete vocálicos.

Com o advento do processo da diáspora africana vieram para o Brasil povos de diversas etnias que aqui se mesclaram. Os yorùbá fazem parte de um grupo étnico "cuja língua se subdivide em mais de 24 variantes dialetais. Porém, apesar da grande diversidade fonética e lexical que isso implica, tal diversidade dialética não impossibilita a compreensão mútua entre os usuários de cada um dos dialetos yorubanos. Os povos yorùbá-falantes pertencem aos diversos estados-nações formados pelos descendentes de Odùduwà, o pai fundador da nação yorubana, cada um mantendo sua soberania, seus costumes e, principalmente, suas relações privilegiadas com determinados orixás, porém todos reconhecem Ilé-Ifẹ̀ como sua origem".[1] Eram eles os povos de Kétu, Ọ̀yọ́, Ṣabẹ, Ẹ̀gbá, Ifẹ̀, Ìjẹ̀ṣa, Èkìtì, Ònkò, Ànàgó, Òndó, Àkókó e muitos outros. Os yorùbá que vieram para o Brasil foram chamados genericamente de nagô. "São conhecidos com o nome genérico de *Nagô*, *Nagónu* ou *Ànàgónu*, pessoas ou povo *ànàgó*, nome constituído

[1] AYOH'OMIDIRE, 2004, p. 39 ss.

de *Ànàgó* e *nu*, sufixo que, em *fon*, significa pessoa. Por extensão, chamam-se Ànàgònu, no Daomé, todos os iniciados e os sacerdotes praticantes da religião que cultua as entidades sobrenaturais de origem Nagô".[2] Sobre isso, Santos[3] diz ainda que "O nome *Ànàgónu* ou *Nagô*, que originalmente se referia apenas a um ramo dos descendentes *Yorùbá* de Ọ̀yọ́ e que foi aplicado em seguida de maneira extensiva pelos *Fon* e pela administração francesa a todos os povos *Yorùbá* é, de fato, o herdado por todos os *Yorùbá* da Bahia, qualquer que seja sua origem geográfica".

Hoje o idioma yorùbá é bastante estudado no Brasil devido à expansão dos cultos de origem africana. Uma infinidade de termos em yorùbá, tais como owó, ọmọ, aṣọ, ọ̀run, àiyé, faz parte do dia a dia das casas de candomblé. O grande número de kọrin (cânticos) de orixá existente na religião muitas vezes é de difícil tradução, uma vez que eles são cantados em um yorùbá arcaico em que as palavras tinham pronúncias diferentes das atuais. Hoje o que se estuda é o yorùbá moderno, constituído a partir do yorùbá escrito desenvolvido pelos missionários. Todavia, esse yorùbá moderno tem

2 SANTOS, 1986, p. 29-30.

3 Ibidem, p. 1.

sido de grande ajuda para a compreensão dos cânticos, rezas e encantações que fazem parte da religião dos orixás.

RESUMO GRAMATICAL

1. Fonemas, sons e tons do idioma yorùbá

Os fonemas consonantais são: **b**, **d**, **f**, **g**, **gb**, **h**, **j**, **k**, **l**, **m**, **n**, **p**, **r**, **s**, **ṣ**, **t**, **w**, **y**.

B, **d**, **f**, **l**, **m**, **n**, **s**, **t** são pronunciados como no português.

O **g** tem sempre um som gutural (*ga*), nunca sendo, portanto, pronunciado como em "gesso" e "giz".

A sequência **gb** não possui pronúncia equivalente em nenhuma língua europeia, só podendo ser apreendida por meio da imitação de um falante nativo. Ela se aproxima de um "g" baixo e um "b" alto falados simultaneamente.

A pronúncia do **h** se aproxima muito do "r" inicial em português, mas, no caso do "h" yorùbá, o ponto de articulação é um pouco mais para a frente no aparelho fonador.

O **j** é pronunciado como "dj".

O **k** é pronunciado como a letra "c" antes de *a/o/u* e o "qu" antes de *e/i*.

O **p** é pronunciado como "kp" mas sem deixar soar o "k"; é um fonema bilabial voltado para o interior da boca.

O **r** tem a pronúncia de "r" entre vogais.

O **ṣ** é pronunciado como "ch" ou "x" — como em "chapéu" e "xadrez".

O **w** é pronunciado como o "*w*" do inglês. Soa como em "Wilson".

O **y** é um fonema de difícil articulação em português; pronuncia-se da mesma forma que o "y" original do inglês, como em *York*. Aparece sempre antes de uma vogal (yan, ye, yin, ìyẹ́, ìyọnu).

Os fonemas vocálicos são: **a**, **e**, **ẹ**, **i**, **o**, **ọ**, **u**. Dividem-se em orais e nasais.

Os fonemas vocálicos orais são:

a = pronunciado como em português.
e = tem o som de "ê" — como em "medo".
ẹ = tem o som de "é" — como em "século".
i = pronunciado como em português.
o = tem o som de "ô" — como em "enjoo".
ọ = tem o som de "o" — como em "pólen".
u = pronunciado como em português.

Os fonemas vocálicos nasais são compostos pelas vogais a/ọ, e/ẹ, i e u seguidas pela letra "n", ou seja, an/ọn, en/ẹn, in e un.
Ex.: fẹ́ràn (gostar), ìbọn (arma), ìyẹn (aquele), kọrin (cantar) e funfun (branco).

Os tons são usados para distinguir palavras semelhantes que são diferenciadas através dos acentos — agudo (´), grave (`) — ou pela ausência destes.
Ex.: *bá* (alcançar) – (Amì òkè) tom alto.
ba (esconder) – (Amì ààrìn) tom médio.
bà (aterissar/pousar) – (Amì isalẹ̀) tom baixo.

2. Divisão das palavras

A divisão de palavras na gramática yorùbá ocorre de modo semelhante ao da gramática da língua portuguesa. Elas podem ser monossílabas, dissílabas, trissílabas ou polissílabas.
Ex.: *Monossílabas*: A (nós), Bá (atingir), Sùn (dormir).
Dissílabas: À-bá = Àbá (opinião), Kọ̀-wé = Kọ̀wé (escrever), Da-nu = Danu (cair/jogar fora).
Trissílabas: À-gbà-do = Àgbàdo (milho), Kọ́-kọ́-rọ́ = Kọ́kọ́rọ́ (chave).
Polissílabas: Dá-ni-lá-ga-ra = Dánilágara (frustrar alguém).

3. Substantivos

Na gramática yorùbá, todas as palavras que atuam como sujeito ou objeto de um verbo são consideradas substantivos.

Os substantivos são classificados como exposto a seguir.

Pessoais: Dividem-se em dois grupos, os dos nomes próprios e/ou títulos honoríficos e o dos pronominais.
Ex.: Awodiji (nome próprio masculino), Aṣabi (nome próprio feminino), Ọba (o rei), Adájọ́ (o juiz), Ìyálode (a chefe das mulheres da cidade).

Os **pronominais** são apenas seis:

Número	Pessoa	Pronominais
Singular	1ª	èmi (eu)
	2ª	ìwọ (você)
	3ª	òun (ele/ela)
Plural	1ª	àwa (nós)
	2ª	ẹ̀yin (vocês)
	3ª	àwọn (eles/elas)

Impessoais: Dizem respeito a animais e objetos.
Ex.: Àgùntàn (carneiro), Ṣòkòtò (calça), Àga (cadeira).

Contáveis: Referem-se a quantidade.
Ex.: Àkùkọ́ méjì (dois galos), Igi mẹ́rin (quatro árvores).

Incontáveis: São substantivos que comumente determinam sentimentos ou coisas que provocam sensações.
Ex.: Omi (água), Iná (fogo), Ayọ̀ (alegria), Àlàáfíà (paz, bem-estar).

Demonstrativos: Como o próprio nome indica, são usados para demonstrar ou qualificar.
Ex.: Èyí (este, esta, esse, essa, isso), Ìyẹn (aquele, aquela, aquilo), Funfun (o branco), Dúdú (o preto), Èkínní (o primeiro).

Obs.: Na gramática yorùbá não existe gênero; palavras como "èyí" e "ìyẹn" são usadas indistintamente tanto para o masculino quanto para o feminino.

De lugar: São aqueles que apontam locais ou lugares.
Ex.: Ìlú (a cidade), Ibí (aqui), Ọjà (o mercado), Ọ̀nà (o caminho).

Quantitativos: São os que expressam números.
Ex.: ọ̀kan (um), méjì (dois), mẹ́ta (três) etc.

Interrogativos: São usados para formular perguntas sobre outros substantivos.
Ex.: Èwo (qual?) – Interroga substantivos demonstrativos.
Ta (quem?) – Interroga substantivos pessoais.

Kí (o quê?) – Interroga substantivos impessoais.
Mélòó (quantos?) – Interroga substantivos quantitativos.

Um substantivo pode dar origem a outro por meio da adesão de um prefixo, verbo ou uma repetição de verbo.
Ex.: Substantivos iniciados com a, e, ẹ, o e ọ precedidos do termo "oní" = o (quem, aquele que) + ni (verbo ter) – o dono de algo, aquele que possui.
Àre (razão) – O + ní + àre = Aláre (dono da razão, o justo).
Ewé (folhas) – O + ní + ewé = Elewé (dono ou vendedor de folhas).
Ẹbọ (oferenda) – O + ní + ẹbọ = Ẹlẹ́bọ (aquele que transporta as oferendas).
Orí (cabeça) – O + ní + orí = Olórí (o dono ou chefe das cabeças).
Ọjà (mercado, comércio) – O + ní + ọjà = Ọlọ̀ja (o senhor ou dono do mercado).

Para substantivos iniciados com a vogal i, esta é suprimida e o verbo "ter" (ní) não se altera.
Ex.: Ìjà (briga, luta) – O + ní + ìjà = Oníjà (senhor da luta ou da briga).
Iṣu (inhame) – O + ní + iṣu = Oníṣu (vendedor de inhame).

Para substantivos iniciados por consoantes acrescenta-se apenas o prefixo "oni".
Ex.: Bàtà (sapato) – O + ní + bàtà = Oníbàtà (sapateiro).

Um verbo pode ser transformado em substantivo acrescentando-se os prefixos "olù" (dono, senhor), a, à, àì, è, ẹ̀, consoante do verbo + í, ì, ò, ọ ou ọ̀.
Ex.: Kọ́ (ensinar) – Olù + kọ́ = Olùkọ́ (professor).
Kọrin (cantar) – A + kọ + orin = Akọrin (cantor).
Lá (sonhar) – À + lá = Àlá (sonho); Alálàá (sonhador).
Mí (respirar) – Àì + mí = Àìmí (faltar o fôlego, falta de ar).
Gbè (compor refrão) – È + gbè = Ègbè (coro).
Dá (criar) – Ẹ̀ + dá = Ẹ̀dá (ser, criatura, criação).
Rà (comprar) – R + í + rà = Rírà (ato de comprar, compra).
Kọ̀sílẹ̀ (separar) – Ì + kọ̀sílẹ̀ = Ìkọ̀sílẹ̀ (separação).
Pin (terminar) – Ò + pin = Òpin (o fim).
Mu (beber) – Ọ̀ + mu = Ọ̀mu (beberrão).

Outros substantivos podem surgir através da repetição da união do verbo com o substantivo.
Ex.: Pa (apagar) + iná (fogo) = Paná (apagar o fogo).
Paná + paná = Panápaná (bombeiro).

Ou simplesmente através da repetição dele mesmo:
Ex.: Ọjọ́ (dia) + ọjọ́ = ọjọọjọ́ (diariamente).

Plural dos substantivos

Na gramática yorùbá não existe flexão em número para os substantivos. O plural é formado com a adição do pronome enfático "àwọn" antes do substantivo.
Ex.: Àwọn ọmọdé = as crianças.

4. Pronomes

Pronomes pessoais

Assim como os substantivos pessoais pronominais, os pronomes pessoais também são apenas seis e dividem-se em singular e plural. Diferentemente dos substantivos pessoais pronominais, não podem ser ligados por "àti" (e) e não aparecem antes de "kọ́" (não é), "nkọ́" (onde está? como está?) e "dà" (como está?). Também não aceitam substantivos qualificadores.

São eles:

Número	Pessoa	Pronome
Singular	1ª	mo/ng (eu)
	2ª	o (você)
	3ª	ó (ele/ela)
Plural	1ª	a (nós)
	2ª	ẹ (vocês)
	3ª	wọ́n (eles/elas)

Pronomes possessivos

Do mesmo modo que os pronomes pessoais, os possessivos dividem-se em número e pessoa.

Número	Pessoa	Pronome
Singular	1ª	mi (meu)
	2ª	rẹ/ẹ (seu)
	3ª	rẹ̀/ẹ̀ (dele/dela)
Plural	1ª	wa (nosso)
	2ª	yín (de vocês)
	3ª	wọn (deles/delas)

5. Qualificativos Numerais

São divididos em cardinais e ordinais:

Cardinais		Ordinais	
(ì)Kan	Um	Èkínní	Primeiro
*(M)Éjì	Dois	Èkejí	Segundo
(M)Ẹ́tà	Três	Ẹkẹta	Terceiro

* "M" só é acrescentado no caso da conta quantitativa, ou seja, para responder a uma pergunta começada por "mélòó" (quantos[as]).

(M)Ẹ́rin	Quatro	Ẹkẹrin	Quarto
(M)Árun	Cinco	Ẹkarun	Quinto
(M)Ẹ́fà	Seis	Ẹ̀kẹfà	Sexto
(M)Éje	Sete	Èkeje	Sétimo
(M)Ẹ́jọ	Oito	Ẹkejọ	Oitavo
(M)Ẹ́sàn	Nove	Ẹkẹsan	Nono
(M)Ẹ́wà	Dez	Ẹkẹwa	Décimo
(M)Ọ́kànlá	Onze	Ìkọkànlá	Décimo primeiro
(M)Éjìlá	Doze	Èkejìlá	Décimo segundo
(M)Ẹ́tàlà	Treze	Ẹ̀kẹtàlá	Décimo terceiro
(M)Ẹ́rìnlá	Quatorze	Ẹ̀kẹrìnlá	Décimo quarto
(M)Ẹ́ẹdógún	Quinze	ẸkẹẸ̀dógún	Décimo quinto
(M)Ẹ́rìndílógún	Dezesseis	Ẹkẹrìndínlógún	Décimo sexto
(M)Ẹ́tàdílógún	Dezessete	Ẹ́kẹtàdínlógún	Décimo sétimo
(M)Éjìdílogún	Dezoito	Èkejìdínlógún	Décimo oitavo
(M)Ọ́kàndílogún	Dezenove	Ìkọkàndínlógún	Décimo nono
Ogún	Vinte	Ogún	Vigésimo
Ọgbọ̀n	Trinta	Ọgbọ̀n	Trigésimo
Ogójì	Quarenta	Ogójì	Quadragésimo
Àádọ́ta	Cinquenta	Àádọ́ta	Quinquagésimo
Ọgọrun	Cem	Ọgọrun	Centésimo
Ẹgbẹ̀rún	Mil	Ẹgbẹ̀rún	Milésimo

Ex.: P: Ilé mélòó ni o kọ́? (Quantas casas você tem?) R: Ilé márùn ni mo kọ́ (Tenho cinco casas).[4]

6. Verbos

Na gramática yorùbá os principais verbos, quando conjugados no presente do indicativo, aparecem comumente em sua forma infinitiva.

Ex.: Mo jẹun (eu como).
O jẹun (você come).
Ó jẹun (ele/ela come).
A jẹun (nós comemos).
Ẹ jẹun (vocês comem).
Wọ́n jẹun (eles/elas comem).

Todavia, para expressar uma ação constante empregam-se os advérbios pré-verbais "máa n" ou "a máa".

Ex.: Àwa máa n ṣa igi (Temos costume de cortar madeira).
Akín a máa jó (Akín tem o hábito de dançar).

[4] AYOH'OMIDIRE, 2004, p. 60-63; 133-137.

Para formar tempo futuro, utiliza-se o auxiliar de futuro "á", correspondente ao verbo ir. Em yorùbá, existem duas maneiras de exprimir o futuro com os promones pessoais. Podemos falar na maneira formal (erudita) e na informal (coloquial).

Número	**Pessoa**	**Pronomes pessoais no futuro**	
		Formal	Informal
Singular	1ª	Èmí á	màá (eu vou)
	2ª	Ìwọ á	wàá (você vai)
	3ª	Òun á	áá (ele/ela vai)
Plural	1ª	Àwa á	àá (nós vamos)
	2ª	Ẹ̀yin á	ẹ̀ẹ́* (vocês vão)
	3ª	Àwọn á	wọ́n á (eles/elas vão)

* Na forma coloquial, por razão de encontros vocálicos, o indicador do futuro "á" vira "ẹ́" na segunda pessoa do plural.

Ex.: Mà á jẹun (eu vou comer).
Wà á jẹun (você vai comer).
Á á jẹun (ele/ela vai comer).
À á jẹun (nós vamos comer).
Ẹ̀ ẹ́ jẹun (vocês vão comer).
Wọ́n á jẹun (eles/elas vão comer).

O pretérito perfeito do indicativo: As ações que se produzem no tempo presente ou no pretérito em yorùbá só costumam ser diferencia-

das pelo emprego do adverbial de tempo. Por exemplo, lóníí (hoje), lánàá (ontem) etc.
Ex.: Mo jẹun (eu como).
Mo jẹun lánàá (eu comi ontem).

Porém, para expressar uma ação que já aconteceu no passado, mas cujo efeito continua no presente, utiliza-se o advérbio "ti" entre o sujeito e o verbo.
Ex.: Kọla ní kẹ̀kẹ́ ológeere (Kọla tem/teve uma bicicleta).
Kọla ti ní kẹ̀kẹ́ ológeere (Kọla já tem ou adquiriu uma bicicleta).

Relação dos verbos mais comuns

Abaixar	Rẹ̀ sílẹ̀	**Esquecer**	Gbàgbé
Abraçar	Wà mọ́ra, dìmọ́	**Estar**	Wà
Abrir	Ṣí (sílẹ̀)	**Estar bom**	Dára
Acabar	Ṣe tán, pari, yánjú	**Estimar**	Bu iyì fún, Kà sí
Aceitar	Tẹ̀wọ́gbà	**Estudar**	Kọ́ ẹ̀kọ́, ka ìwé
Acender	Finá sí, tan iná	**Evitar**	Yẹra fún, jìnnà sí
Achar	Ri, wárí	**Existir**	Wà
Acordar	Jí	**Explicar**	Ṣe àlàyé
Adiantar	Lọsíwàjú, tẹ̀síwájú	**Falar**	Sọ / Sọ̀rọ̀
Afirmar	Tẹnúmọ́, fi ìdí ọ̀rọ̀ múlẹ̀	**Fugir**	Sálọ, na pápá bora

Agradecer	Dúpẹ́, fi ìmoore hàn	**Fumar**	Mu siga, mu tábà
Ajuntar	Kójọ, sàjọ	**Ganhar**	Ṣẹ́gun, jẹ (tẹ́tẹ́), borí (jogo, esporte)
Alegrar	Dunnún, Láyọ̀	**Imitar**	Ṣe àfarawé
Almoçar	Jẹun ọ̀sán	**Ir**	Lọ
Amar	Fẹ́, fẹ́ràn, ni ìfẹ́ (ẹnìkejì)	**Jantar**	Jẹun alẹ́
Amarrar	Sópọ̀, so mọ́lẹ̀	**Jogar**	Ṣiré, jù (nkan)
Andar	Rìn	**Lembrar**	Rántí, Ṣe ìrántí
Aprender	Kọ ẹ̀kọ́, gba ìmọ̀	**Levantar**	Dìde dúró
Apresentar	Ṣe ìfihàn, fihàn	**Levar**	Gbé, mú
Apressar	Yara, estar com pressa – kánjú; apressar alguém – kán lójú	**Limpar**	Wẹ̀mọ́, fọ̀ aṣọ (roupa), gbá ilẹ̀ (chão)
Aprovar	Fi ọwọ́ si/ Fi àṣẹ si, aprovar uma sugestão – gbà àbá wọlẹ́	**Lison-jear**	Pọ́nlé, kì (oríkì); mu lórí wú
Arrepen-der	Ronú pìwàdà, ké àbàmọ̀, arrepender-se de alguma coisa – fi ìka àbámọ̀ bọnu	**Louvar**	Yin, wárí fún
Assegurar	Mu dá lójú; Sọ aṣọdájú	**Mandar**	Rán nísẹ́; pàṣẹ fún
Assinar	Fi ọwọ́ si, bu ọwọ́ lù ìwé	**Marcar**	Fi àmì si
Assobiar	Sufe	**Matar**	Pa
Assoprar	Fẹ́ afẹ́fẹ́; assoprar fogo – fẹ́ná	**Melho-rar**	Ṣẹ àtúnṣe sí

Avançar	Lọsíwàjú, tẹ̀ síwàjú	**Mentir**	Pa iró̩ (puró̩),
Bater	Lù	**Mostrar**	Fihàn, ṣe áfihàn
Beber	mu (mu omi, mu ọti)	**Negar**	Kọ̀, ṣẹ́
Brincar	Mire	**Opinar**	Ṣọ ìhà ti o kọ si ọrọ kan (opinar sobre um assunto)
Cair	Ṣubú, já lulẹ̀	**Ouvir**	Gbọ́; fi eti sí
Cantar	Kọrin	**Pagar**	Sanwó
Castigar	Fi ìyà jẹ; báwí	**Pedir**	Bèrè fún
Cear	Ver "jantar"	**Pensar**	Ro; Rorí; Ronú sí
Cessar	Dúró, dáwọ́ dúró	**Perder**	Sọnù; pàdánù
Chamar	Pè, dárúkọ	**Perdoar**	Foríjì, dáríjì
Chegar	Dé	**Pergun-tar**	Bèèrè, wádìí
Chorar	Ké, súnkún	**Pesar**	Gbélé orí ìwọ̀n; wọ̀n; gbéwọ̀n
Cobrir	Bò, da nkan bò; fí pamọ́	**Possuir**	Ní
Colher	Ṣa nikọkán, hé nkan	**Princi-piar**	Bẹ̀rẹ̀, dáwọ́ lé
Comer	Jẹ / Jẹun	**Procurar**	Wá, wákiri
Comparar	Ṣe àfiwé	**Quebrar**	Ṣẹ́ / Fọ́ / Bàjẹ́
Completar	Pari, yanjú, bùṣe	**Querer**	Fẹ́, nífẹ́ sí
Comprar	Rà	**Ralhar**	Báwí gidigidi
Compreen-der	Loye, yé	**Rasgar**	Fàya
Conceder	Fún ni àyè, gbà fún	**Receber**	Gbà

Conduzir	Tu ọkọ̀, wa ọkọ̀	**Recusar**	Kọ̀ fún, yarí
Confessar	Jẹ́wọ	**Reem-bolsar**	San (owó) pádà
Conhecer	Mu	**Repetir**	Ṣe lẹ́ẹ̀kansi
Consentir	Fi àṣẹ si. Gbà fún	**Respon-der**	Dáhùn/fèsì/ fún lésì
Considerar	Ronú si, gbé yẹ̀wò	**Rir**	Rẹrin
Contar	Sọ fún, ròyìn	**Roubar**	Jalè, roubar alguma coisa – jí nkan
Continuar	Tẹ̀ síwàjú	**Saber**	Mọ̀
Convencer	Fiyé	**Sair**	Jáde lọ
Copiar	Sín jẹ/Ṣe àfarawé	**Seguir**	Tẹ̀lé
Correr	Sare	**Selar**	Lẹ̀ pa/Lù ni òntẹ̀
Corrigir	Túnse/Bá wí	**Sentar**	Joko
Cortar	Gé/Ke/Ṣa	**Sentir**	Mọ̀, fúnra si, gbọ́ òórùn (cheiro)
Coser	Ṣe/Ṣe onjẹ; da iná	**Ser**	Ni/Jẹ́
Cozinhar	Ṣe onjẹ/da iná	**Ser bom**	Dára
Crer	Gbàgbọ́	**Ser grande**	Tóbi
Crescer	Dàgbà/Gòkè/Díde	**Subir**	Gòkè
Custar	Le/Ṣòro/Nira/ ni iye lórí/wọ́n	**Sujar**	Fi Ẹ̀gbin bá; dọ̀tí
Dançar	Jó	**Suspirar**	Mikànlẹ̀
Dar	Fún/fifún/gbé fún	**Sustentar**	Tì lẹ́hìn/ duro tì
Declarar	Kéde/Sọ jáde	**Ter**	Ní nkan
Deduzir	Yọ kúrò/gbàgbọ́	**Ter calor**	Gbóná, hooru

Descobrir	Ṣe iwadi, mọ̀ dájú	**Ter fome**	ebí pa; estou com fome – ebi npa mí
Desejar	Fẹ́/wù	**Ter frio**	Mú ooru; estou com frio – oorú nmú mí
Desprezar	Kórìra	**Ter sede**	Gbẹ òngbẹ; estou com sede – ongbẹ ngbẹ mí
Digerir	Dà (onjẹ)	**Terminar**	Pari, ṣetán
Dizer	Wí; Si	**Tombar**	Tàkìtì
Dobrar	Ṣẹ́po	**Trabalhar**	Ṣiṣẹ́
Dormir	Sùn	**Traduzir**	Túmọ̀, ṣe ẹ̀dà
Duvidar	Ṣiyèméjì	**Transportar**	Gbé
Embrulhar	Dì/Bò	**Trazer**	Múwá
Empacotar	Dí sínú àpò	**Tremer**	Gbọ̀n
Empregar	Gbà siṣẹ́	**Usar**	Lò/múlò
Encontrar	Pàdé/ṣe alábàpàdé	**Varrer**	Gbá ilé/Gbá ilẹ̀
Enganar	Tànjẹ	**Vender**	Tà
Enrolar	Yípo	**Ver**	Rí
Entrar	Wọ ilé	**Vestir**	Wọ aṣọ, Wọ ẹ̀wù
Esconder	Fi pamọ́	**Viajar**	Rin ìrìn àjò
Escrever	Kọ ìwé	**Vir**	Bọ̀, dé
Escutar	Tẹ́tí si, fi etí sí, fetísílẹ̀	**Viver**	Wà láàyè, yé
Esperar	Retí, ní ìrètí	**Voltar**	Padà, dé

7. Conjunções

As conjunções em yorùbá são três: "ti" ou "àti", "pẹ̀lú" e "òun"; servem para unir dois ou mais objetos.
Ex.: ti ọ̀sán ti òru (de dia e de noite).
Funfun àti dúdú (branco e preto).
Aṣọ pẹ̀lú bàtà funfun (roupa e sapato brancos).
Ọkùnrin òun obìnrin rí ẹ (meninos e meninas viram você).

A conjunção "àti" é também usada antes dos substantivos de uma frase para enfatizar:
Ex.: Àti òrun àti ayé (tanto no céu como na terra).

8. Contração

É comum na gramática yorùbá suprimir vogais em palavras ou frases onde haja encontros vocálicos. Isso acontece sobretudo na linguagem coloquial.
Ex.: agogo (relógio ou sino) muda para "aago".
Ọmọ + ọba (filho do rei, príncipe) muda para "ọmọba".
Pa + iná (apagar o fogo) muda para "paná".
Ní + ilé (em casa) muda para "nílé".
Àti + èmi + àti + ìwọ (eu e você) muda para "àt'èmi àt'ìwọ".

9. Assimilação

É a substituição de uma vogal na união de duas palavras.
Ex.: ọmọ + ilé (criança de casa) muda para "ọmọọlé".
Kú + ààrọ̀ (bom dia) muda para "Kààrọ̀".

PEQUENO VOCABULÁRIO

Aa

A 1. Auxiliar de futuro correspondente ao verbo ir. Partícula que precede o verbo, usada para formar uma frase no futuro. Ex.: Ọmọde a jẹun (a criança irá comer / a criança comerá). **2.** Forma alternativa (contração) do pronome pessoal "àwa". Nós. **3.** Aquele que, aquela que.

À! Ah!

A DÚPẸ́ Obrigado. Nós agradecemos.

ÀÀBÒ Abrigo. Refúgio. Proteção. Segurança. Asilo. Acolhimento. Escudo. Toca.

ÀÀBỌ̀ Meio. Metade.

AÀDÙN Comida feita com milho torrado e pilado misturado com azeite de dendê, mel e sal.

AAGO 1. Relógio. Hora. **2.** Copo, xícara, moringa.

AAGO MÉJÌLÁ ÒRU Meia-noite.

AAGO MÉJÌLÁ Ọ̀SÁN Meio-dia.

AÁJÒ Cuidado. Carinho.

ÀÀLÀ Limite. Barreira.

ÀÀLÀ ÌLÚ Fronteira entre duas cidades ou nações.

AÀNÚ Bondade. Piedade. Compaixão. Dó. Pena.

ÀÀRÁ O mesmo que "àpáàrà".

ÀÀRẸ Presidente, comandante em chefe.

ÀÁRẸ̀ Cansaço. Fadiga.

ÀÁRÍN Entre. No meio.

ÀÁRÒ Saudade.

ÀÀRÒ Forno. Fogão a lenha.

ÀÁRỌ̀ Manhã. Aurora. Dia.

AÀWẸ́ Jejum. Abstinência.

ÀÁYÁ Uma espécie de macaco.

AÁYAN Força de vontade.

AÁYÁN Barata.

ÀÀYÈ Lugar. Vivo. Ex.: Òkú ni abi ààyè (está vivo ou morto?).

ÀBÁ Sugestão. Opinião. Recomendação. Tentativa. Esforço. Milagre. Princípio que induz e permite que as coisas tenham orientação, direção e objetivo em um sentido preciso. Imaginação.

ÀBÀ Casa com quintal. Fazenda. Sítio. Armazém de produtos agrícolas. Depósito de utensílios ou bens materiais.

ABAJÁ Uma das diversas marcas feitas no rosto como marca identitária de alguns grupos yorubanos. Marca tribal.

ÀBÁJÁDE Efeito. Resultado.

ÀBÀMÍ Sobrenatural. Ex.: abàmi ẹ̀da (ente sobrenatural). Extraordinário.

ÀBÁMỌ̀ Arrependimento. Remorso. Lamentação.

ÀBÀRÍ Iguaria preparada com feijão-fradinho, milho ou farinha de banana-da-terra.

ÀBÁWỌLÉ Entrada.

ÀBÁYỌRÍ O mesmo que "àbájáde".

ABẸ Navalha. Lâmina.

ABẸ́ Baixo. Debaixo.

ABẸ́ OBÍNRIN Vagina.

ABẸ-ÌFÁRÍ Navalha para raspar a cabeça.

ABẸ̀BẸ̀ Leque. Abanador. Paramento das divindades das águas Oxum e Iemanjá.

ABẸ̀BẸ̀ ONÍNÁ Ventilador elétrico.

ÀBẸ́LÀ Vela.

ABẸWÒ Visita. Inspeção.

ABẸ́RẸ́ Agulha.

ABI Prato.

ÀBÍ Conjunção "ou".

ÀBÍKÚ Entidades infantis que pertencem a um grupo de espíritos que reencarnam sucessivas vezes mas não ficam na Terra por muito tempo. Os pais de àbíkú precisam fazer oferendas aos colegas de tais crianças, chamados "ẹgbẹ ọ́run", para quebrar o ciclo de nasce-morre de tais filhos. Literalmente, significa "aquele(a) que nasce para morrer".

ABIYAMỌ O mesmo que "ìyá".

ABÍYÁN Postulante. Participante do culto aos orixás ainda não iniciado.

ABÌYẸ́ O mesmo que "ẹyẹ".

ABO Fêmea.

ABO PẸ́PẸ́YẸ Pata.

ÀBÓJÚTÓ Supervisão.

ÀBÒKÁ Cerco.

ABÓYA Abertamente.

ABÒṢÌ O mesmo que "aláìní". O mesmo que "òtòsì".

ABỌ̀ O retorno, a volta, a vinda ou a chegada.

ABỌ̀RÌṢÀ O mesmo que "olórìṣà" ou "olóòṣà".

ABUKÉ Corcunda.

ABÙKÙ Defeito.

ÀBÙKÙ Vergonha.

ÀBULA Adulteração. Mistura.

ABÚLÉ Aldeia. Vilarejo.

ABUNI Abusado. Aquele que ofende aos outros (com palavras).

ABURẸDA Guarda-chuva.

ABURẸLA Guarda-sol.

ÀBÚRÒ Irmã ou irmão mais novo.

ÀBÙWÈ Sabonete.

ADA Facão.

ÀDÀBÀ A pomba da paz.
ADÁGÚN Lago.
ADÁGÚN OMI O mesmo que "adágún".
ADÁHUNṢE Aquele que usa a magia ou a força dos vegetais para praticar curas. Curandeiro. Ervanário.
ADÁJỌ́ Juiz. Desembargador.
ÀDÀLÉ Acumulação.
ÀDÁN Morcego.
ADÁNWÒ Sofrimento. Problemas. Má condição. Provas.
ADÉ Coroa ou tiara usada por reis ou pelo orixá quando incorporado em seus fiéis.
ÀDÉHÙN Acordo. Compromisso. Contrato. Tratado.
ADẸ́RUBANI Pessoa que dá susto em outra.
ADÌẸ Galinha ou franga.
ÀDÍN Óleo de cor marrom, extraído da semente do coco-de-dendê. O mesmo que "ṣọṣó".
ADITÍ Surdo(a).
ÀDÓ Pequena cabaça utilizada em rituais por diversas divindades.
ÀDÒGÁN Fogão ou forno a lenha.
ADÓṢÙ Iniciado. Aquele que recebeu o "óṣù".
ÀDÚGBÒ Vizinhança. Bairro.
ÀDÚGBÒ ÌLÚ Vizinhança. Bairro. Localidade.
ADÙN Gosto. Doce.
ÀDÚRÀ Reza. Oração. Prece.
AFÁ Contração da palavra "afárá". Ponte. Viaduto.
ÀFÁÀ Contração de "àlùfáà". Sacerdote. Sacerdotisa. Padre. Clérigo (muçulmano).
AFÁRÁ O mesmo que "afá".

ÀFARAWÉ Imitação.
AFẸ́ Contração de "aláfẹ́". Aquele que gosta da vida mole, vida boa.
ÀFẸ̀Ẹ̀MỌ́JÚMỌ́ Alvorada. Madrugada.
AFẸ́FẸ́ Ar. Vento. Ventar.
AFẸ́FẸ́ LÍLE O mesmo que "ìjì".
ÀFI Contração de "àyàfi". Exceto. Somente. A menos que. A não ser que.
ÀFÍN Albino.
ÁFIN Palácio.
AFINIHÀN Traidor.
ÀFIWÉ Comparação.
ÀFIYÈSÍ O mesmo que "àkíyèsí". Aviso.
ÀFO Abertura. Vaga. Oportunidade de emprego.
ÀFOJÚBÀ Reencontro.
ÀFÓMỌ́ Planta parasita.
AFỌ́JÚ Cego.
ÀFỌ̀ṢẸ Dispositivo impregnado com a força do àṣẹ. O poder da realização. A pessoa dotada de tal força é chamada de "àwíṣẹ".
AFUNLẸLẸ Limpo e puro. Coberto com "ẹfun".
ÀGA Cadeira. Poltrona. Banco.
ÀGA RỌ̀GBỌ̀KÚ Poltrona real.
ÀGA ONI TÌMÙTÌMÙ FÚN ÈNÌYÀN PÚPỌ̀ Sofá.
ÀGA ÒUN TÁBÌLÌ Mesa e cadeiras (de jantar).
ÁGABÁ Abrigo.
AGADA Cimitarra. Tipo de espada utilizada pelo orixá Ogum.
ÀGÁDÁ Barracão. Abrigo. Casa de sapê.
ÀGÁDAGODO Cadeado.
ÀGBÀ Adulto. Ancião. Pessoa idosa.
ÀGBÁ Romã. Barril.

AGBÁDÁ Manto de homem. Traje completo de homem yorubano, composto de três peças – bùbá (camisa), sóóró (calça), agbádá (manto).

ÁGBADA Vasilha, pote ou bacia utilizada para cozinhar ou lavar. Panela de ferro. Pia batismal.

ÀGBÀDO Milho.

ÀGBÀDO FUNFUN Milho branco. Canjica.

ÀGBÁKÒ Azar. Acidente.

ÀGBÀLÁ Quintal.

ÀGBÀLAGBÀ O mesmo que "àgbà".

AGBÁRA Força. Energia. Poder. Vigor. Potência. Autoridade.

AGBÁRA NLA Soberania. Alta potência.

AGBÁRA ÒFIN Validade da lei. Poder da lei.

AGBÀRA ỌGBỌ́N Esperteza.

AGBÈ Instrumento de percussão feito com uma cabaça.

AGBEDEMÉJÌ Passagem estreita.

ÀGBẸDỌ̀ Nunca. Jamais.

AGBÈGBÈ O mesmo que "àdúgbò".

ÀGBÉKỌ́ Combinação. Roupa de baixo de mulher.

ÀGBÉLÉBÙÚ Cruz.

AGBÉRAGA Orgulhoso. O mesmo que "onígbéraga".

ÀGBẸ̀ Fazendeiro(a). Agricultor(a).

ÀGBẸ̀DẸ Ferreiro. Oficina de ferreiro.

AGBẸ̀DÙ Barriga. Estômago.

ÀGBẸKỌYA Guerreiro valente. Combatente rústico.

AGBẸ́NÀ Carpinteiro. Marceneiro.

ÀGBO Infusão feita com ervas e usada em banhos nas iniciações. Infusão usada para curar e/ou prevenir doenças e enfermidades.

ÀGBÒ Carneiro.
ÁGBÒJÒ O mesmo que "abuṛeda".
ÀGBỌ̀N Queixo.
ÀGBỌN Coco. Fruto do coqueiro (*Cocos nucifera*).
AGBỌ̀N Cesta.
AGBỌ́N Marimbondo. Vespa. Tipo de abelha.
ÀGBỌ̀NRÍN Antílope. Espécie de veado africano.
AGBOÒGÙN Aquele(a) que carrega magia.
ÁGBÒRÙN O mesmo que "abuṛela".
AGE Chaleira. Vasilha para líquido.
AGERE Dançarino com perna de pau.
AGẸ̀RẸ̀ Ritmo e dança votiva de Oxóssi.
AGẸ Divindade da caça e dos animais originária de Abomé, no Benin, cultuada nos candomblés jeje-nagô.
AGẸMỌ Camaleão.
AGINJÙ Lugar não habitado. Deserto. Mata fechada. Mata virgem.
AGO Com licença. Ké àgò ou kágò = pedir licença.
AGO ÌPÈNÌYÀN Campainha de mesa.
AGÒ YÀ Licença concedida. Licença dada (fórmula de resposta para conceder licença a quem pedir "àgò onílé").
AGOGO Sino. Sineta. Campainha. Relógio. Hora.
AGOLO Lata. Lataria.
ÀGỌ́ Acampamento. Sítio.
ÀGÙALÀ Planeta Vênus. Estrela d'alva.
ÀGÙFỌN Girafa.
ÀGÚNJẸ Remédio em pó.
ÀGÙTÀN Ovelha. Carneiro.
AHÁ Cuia. Coité. Meia cabaça.
AHÁN Língua.

AHỌ́N O mesmo que “ahán”.
AÌ Contração de “àwa” e “kìí” (Imperativo). Nós não costumamos. Não se pode. Não se deve.
AI SI RARA Ausência absoluta.
ÀÌBERÉ Sem respeitar. O mesmo que “àìbìkítà”.
AÌDA (ÀÌDÁRA) Maldade, prática de um ato de maldade.
ÀÌDÁNILÓJÚ Dúvida. Hesitação.
ÀÌDẸ̀ Estado de imaturidade (fruta). Dura.
ÀÌDÓGBA Desempate. Desigual.
ÀÌGBÓ Não maduro(a) (frutas e outros produtos agrícolas).
AÌJẸUN Abstinência. Jejum.
ÀÌLÀ Ato de não prosperar. Permanecer pobre.
ÀÌLÁFẸ́FẸ́ Abafado.
ÀÌLERA O mesmo que “àìsàn”.
ÀÌLỌPẸ́ O mesmo que “àìmoore”.
AILOYE Inúmeras.
ÀÌMÍ Fato ou ato de não respirar.
ÀÌMOORE Ingratidão.
AIMỌYE Inúmeros.
ÀÌNÍ Pobreza. Necessidade. Escassez. Faltar.
ÀÌNÍLÁRÍ Miséria. Falta de prosperidade.
AINIYE O mesmo que “ailoye” e “aimọye”.
ÀÌPÉ Faltar. Incompleto.
ÀÌPỌ̀ Insuficiente.
ÀÌPỌ́N O mesmo que “àìdẹ̀”.
ÀÌRÍRAN O mesmo que “ìfọ́jú”.
ÀÌRÒTẸ́LẸ̀ Súbito. Repentino.
ÀÌSÀN Doença. Fraqueza. Náusea. Doente. Mal.
ÀÌSÈ Cru. Alimento não cozido.
ÀÌSÍ Carência.
ÀÌSÍMỌ́ Morto(a). Falecido(a).

ÀISONÚ Achado.
ÀÌSÙN ỌDÚN Véspera de festa.
ÀÌṢẸ̀ Fato ou ato de não pecar ou não ofender.
ÀÌṢENÌYÀN Cruel. Perverso. Desumano.
ÀÌṢÈRÚ Honestidade. Integridade.
ÀÌTÓ O mesmo que "àìpé".
ÀÌWÁ O mesmo que "àìsí".
ÀIYÀ Peito. Tórax.
AIYÉ Globo terrestre. Mundo. Vida.
AIYÉKÒÓTỌ Papagaio.
AJÁ Cachorro.
ÀJÀ Força mágica famosa pelo seu costume de levar as pessoas a uma terra desconhecida onde são instruídas nos segredos místicos. Dos vegetais. Redemoinho.
ÀJÀ ILÉ Ático. Andar superior.
AJABỌ Quiabo cortado em rodelas e misturado com mel usado em oferendas.
ÀJÀGÀ Jugo. Força escravizadora. Ferros usados para assujeitar escravos (com cadeado no pescoço).
ÀJÀGÀ ỌRÙN O mesmo que "àjàgà".
AJAGUNNA Divindade considerada o Senhor da Guerra, associada aos orixás brancos.
ÀJÀKÁLẸ̀ ÀRÙN Epidemia. Praga.
AJÀLÁ Divindade ligada ao mito da criação do homem, responsável pela cabeça e pelo destino dos seres humanos.
ÀJÀNÀKÚ Elefante.
ÀJÁLÙ Catástrofe.
ÀJÀPÁ Cágado. Tartaruga.
AJÉ Riqueza.
AJẸ Feiticeira. Bruxa.
AJIGBÈSÈ Devedor.

ÀJOBÍ Afinidade. Parentesco.
AJOGÚN Herdeiro.
AJOGUN Na cosmogonia yorubana, nome genérico para as forças do mal das quais um grupo representativo é o das "àjẹ́". Os outros principais ajogun são ikú (morte), àrùn (doença), ẹ̀gbà (paralisia), èse (acidente) e àrọ̀nì (deformidade).
ÁJỌ̀ Peneira, coador.
ÀJỌ Poupança. Caixa comum. O mesmo que "èsúsú".
ÀJỌ̀DÚN Festa. Comemoração. O mesmo que "àsè".
ÀJỌYỌ̀ O mesmo que "àjodún".
ÀJÙBÀ Abrigo temporário construído no campo. Choupana.
ÀJÙMỌ̀ṢE Sociedade. Cooperação.
AKA Bicho-preguiça.
AKÁ Lepra. Hanseníase.
ÀKÀBÀ Escada.
ÀKÀLÀ Abutre. Pássaro conhecido por devorar oferendas que são depositadas nas matas. Sua presença na hora de depositar uma oferenda é vista como um bom presságio.
ÀKÁMỌ̀ Cerco. Fazenda.
ÀKÀRÀ Acarajé. Bolo frito em azeite de dendê, feito com a polpa do feijão-fradinho moída e temperado com cebola e sal. Pão.
ÀKÀRÀ DÍDÙN Bolo. Acarajé do branco. O mesmo que "àkàrà òyìnbó".
ÀKÀRÀJẸ Nome pelo qual ficou conhecido o "àkàrà" no Brasil, composto da união de "àkàrá" com o verbo "jẹ" (comer).
ÀKÀSÀ Papa de milho branco enrolada em folha de bananeira. O mesmo que "ẹ̀kọ" ou "orí".

ÀKÀSỌ́ O mesmo que "àkàbà".
AKÉ Machado.
AKẸ́KỌ̀Ọ́ Aluno(a). Estudante.
ÁKẸRAN Um dos nomes atribuídos à divindade da caça, Ọdẹ. Significa: "Aquele que carrega animais" ou "Nós encontramos animais".
ÀKÈRÉ Rã.
ÀKÉTE Cama. Leito.
ÀKẸ́TẸ̀ Chapéu de palha. Sombreiro. Boné.
AKIN Bravo. Corajoso. Herói.
AKIKANJU O mesmo que "akin".
ÀKILỌ́ Saudação de despedida. Adeus! Até mais!
ÀKÌTÀN Monte de lixo. Lixão. Imundície.
ÀKÍYÈSI Cautela. Cuidado. Atenção.
AKÓGÚN O mesmo que "ajogún".
ÀKÓJỌPỌ̀ Coletânea. Grupo. Enciclopédia.
ÀKÓJỌPỌ̀ ÈNÌYÀN TÍ YÓÒ ṢE NKAN Equipe.
ÀKÓJỌPỌ̀ OWÓ ÌLÚ Renda (monetária).
AKÒKO Árvore sagrada cujas folhas são colocadas na cabeça dos reis e sacerdotes africanos em ocasiões especiais. *Newbouldia laevis* Seem., família das bignoniáceas.
ÀKÓKÒ Época. Período. Estação. Tempo. Hora.
ÀKÓKÒ ISIMI LẸ́HÌN IṢẸ́ Férias.
ÁKOÒGÙN Aquele(a) que possui remédio ou magia.
ÀKÒRÓ Pequena coroa atribuída ao orixá Ogum. Elmo. Capacete.
AKỌ Varão. Macho. Antecede o nome do animal para identificar o gênero masculino. Ex.: Akọ màlúù (touro).
AKỌ MÀLÚÙ Touro.
AKỌ OYIN Zangão. Abelha.

AKỌBI Primogênito.
ÀKỌ́BẸ̀RẸ̀ Primórdio. Princípio. Estreia.
AKỌGUN Guerreiro. Bravo. Lutador. Chefe dos combatentes.
ÀKỌKỌ́ Início. Primeiro(a).
AKỌNI Herói. Valente.
AKỌRIN Cantor. Músico.
ÀKỌ́SO Governo. Administração.
ÀKỌ́SÓRÍ Guardar na memória. Poesia ou rima escolar.
ÀKỌṢẸ̀BÁ Acidental. Acaso.
ÀKỌ̀TUN Novo.
AKỌ̀WÉ Escritor. Secretário. Escrevente.
ÀKÙKỌ́ Galo.
AKÚRA Impotente.
AKUṢẸ Pobre.
ÀLÁ Sonho.
ÀLÀ Imaculado. Puro. Limpo. Brancura. Pano branco. Término.
ALÁ Prefixo que antecede um substantivo significando "dono ou senhor de".
ÀLÀÁFÍÀ Felicidade. Paz. Coisas boas.
ALÁÁFIN Título tradicional do rei da cidade de Ọ̀yọ́ na Nigéria.
ALÁÀNÚ Pessoa bondosa ou piedosa.
ALÀÀRU Mensageiro. Carregador.
ALÀÀYÈ Viva. Pessoa viva.
ALÁBÀÁ L'ÁÀṢẸ Aquele que é ou possui vontade e poder de realização. Título atribuído a Olorum. Na mitologia yorubana, acredita-se que Olorum passou esse atributo a Oxalá para lhe facilitar a tarefa de criar o ser humano. Por isso que uma linha do oríkì de Oxalá é "Òòṣàálá Ọ̀ṣẹ̀rẹ̀màgbò, alábàá l'àṣẹ".

ALÁBÀṢIṢẸ́ Sócio. Cofuncionário. Cotrabalhador.
ALÁBÀÁPÍN Co-herdeiro.
ALÁBÀÁGBÉ Comorador. Vizinho.
ALÁBẸ Responsável pelos sacrifícios de animais. "O que possui a faca."
ALÁBÒÓJÚTÓ Administrador. Gerente.
ALÁBÙKÙFÚN Abençoado(a). Bem-aventurado(a).
ALÁBÙSỌ O mesmo que "aláfọ̀ṣẹ".
ALÁDÉ Aquele(a) que possui a coroa. Aquele(a) que é coroado. Dono da coroa. Rei.
ALÁDO Nome dado a Xangô, que significa "O Senhor do Pilão" ou aquele que possui o pilão.
ALÁDUN Adocicado.
ALÁDÙÚGBÒ O mesmo que "alábàágbé".
ALÁFÉ Distinto. Educado. Elegante.
ÀLÀFO Nulo. Vago. Lacuna.
ALÁFỌ̀ṢẸ Adivinhador. Adivinho.
ALÁGAGBE Inquilino(a).
ALÀGBÁ Ancião(ã). Pessoa idosa.
ALÁGBÁRA Forte. Potente. Herói.
ALÁGBÁRA ÀÌLÓPIN Todo-poderoso, atributo de Deus.
ALÁGBÁRA JÙLỌ O mesmo que "alágbára àìlópin".
ALÁGBÀTỌ́ Tutor.
ALÁGBE Mendigo.
ALAGBE Título atribuído a pessoa que toca atabaque no candomblé brasileiro, em que o título é pronunciado "alabé".
ALÁGBẸ̀DẸ Ferreiro.
ALÁÌBIKITÀ Pessoa que não respeita o sentimento dos outros.
ALÁÌDA Maldoso.
ALÁÌGBỌ́RÀN Desobediente.

ALÁIKÚ Imortal. Eterno.
ALÁÌLÁDÈÉHÙN Pessoa que não respeita compromisso.
ALÁÌLÁYA Homem solteiro. O mesmo que "àpọ́n".
ALÁÌLERA O mesmo que "aláìsàn" e "ọlọ́kùnrùn".
ALÁÌLÉRÒ Pessoa sem valor. Ignorante.
ALÁÌLỌ́KỌ Mulher solteira.
ALAÍLỌPẸ́ O mesmo que "aláìmoore".
ALÁÌMOORE Ingrato.
ALÁÌMOWÉ Analfabeto.
ALÁÌNÍ Pobre.
ÀLÁÌNÍ ÒBÍ Órfão. Ọmọ aláìníyà (órfão de mãe). Ọmọ aláìníbaba (órfão de pai).
ALÁÌNÍBUGBÉ O mesmo que "alárìnkiri".
ALÁÌNÍTÍJÚ Desavergonhado.
ALÁÌSÀN O mesmo que "aláìsàn".
ALÁÌṢÈGBÈ Salvo. Que tem a sua redenção garantida.
ALÁYÉ Título que significa "Senhor do mundo" e é atribuído a algumas divindades.
ALÁKÉ Título oficial de todo rei da cidade de Abẹokuta.
ALÁKÉTU Título oficial de todo rei da cidade de Kétu, situada na fronteira da Nigéria com a República do Benin.
ALÁKÒRÓ Aquele que possui uma coroa pequena (àkòró), referência feita ao orixá Ogum.
ALÁKỌ̀Ọ́BẸ̀RẸ̀ Principiante. Iniciante. Aluno do ensino fundamental.
ALÁKÒÓSO Condutor. Administrador.
ÁLÁLÚPÀYÍDÁ Mágico. Prestidigitador. Falsário.
ALÁMỌ Adivinho.
ALAMỌJU Sabe-tudo.
ALÁNTAKÙN Aranha.

ALÁPATÁ Açougueiro.
ALAPINNI Sacerdote supremo dentro do culto de Egungun.
ALÁRE Senhor da razão. Aquele que é justo. Inocente.
ALÁRÈÉKÉREKÈ Vigarista.
ALARINA Padrinho de casamento.
ALÁRÌNKIRI Vagabundo.
ALÁRÒYÉ Falador.
ALÁṢEJÙ Pessoa que exagera em tudo até passar por vergonha ou desgraça.
ALÁṢỌTẸ́LẸ̀ O mesmo que "aláfọ̀ṣẹ".
ALÁTA Dono ou vendedor de pimenta.
ALÁTAKÒ Adversário. Inimigo. Antagonista.
ALÁWỌ̀ DÚDÚ Pessoa de origem africana. Referente à raça negra.
ALÁYÈ Contração das palavras "oni" e "ayé". Senhor do mundo, um dos nomes atribuídos a Olorum.
ÀLE Amante.
ÀLÉGBÀ Crocodilo. Jacaré.
ÀLÈJÌ O mesmo que "àlejò".
ÀLEJÒ Estrangeiro. Visitante. Hóspede. Visita.
ALẸ̀ Repouso sentado. Descanso confortável. O mesmo que "ìkàlẹ̀".
ALẸ́ Noite.
ÀLÌKÁMÀ Trigo.
ÀLỌ Ida. Partida. Fato ou ato de ir.
ALỌ́NILỌ́WỌ́GBÀ Pessoa sem caráter. Extorquista. Vigarista.
ÀLÙBỌ́SÀ Cebola.
ÀLÙBỌ́SÀ ELÉWÉ Cebolinha.
ALUDÙÙRÙ Pianista.

ÀLÙFÁÀ O mesmo que "àfáà".
ALUJA Ritmo e dança votiva de Xangô.
ÀMÀLÀ No Brasil: iguaria feita com quiabo picado, cebola, camarão seco, gengibre e azeite de dendê. Comida votiva de Xangô. Para os yorùbá é comida (pirão solidificado) feita à base de farinha de inhame preparada no fogo e acompanhada com sopa de legumes, quiabo etc.
ÁMBỌ̀SÌ Muito menos. Quanto mais.
ÀMÌ Acento. Ponto. Nota.
ÀMÓDI Gripe. Enfermidade.
AMỌ̀ Barro. Argila.
ÀMỌ́ Mas. Porém.
AMỌ̀NÀ Condutor. Indicador.
ÀMỌ̀RÀN Sugestão.
ÀMỌ̀TẸ́KÚN Leopardo.
ÀMÚGA ÌJẸUN Garfo.
AMÚIṢAN Iniciado no culto de Egungun. Responsável pelo "iṣan".
ÀMURAPA Alcoólico.
ÀMÚRÈ Cozido.
ÀNA Cunhado(a). Parentesco por casamento.
ÀNÁ Ontem.
ÀNÀGÓ Um dos subgrupos da etnia yorùbá, descendentes de Ilé-Ifẹ̀ que moram além do rio Ògùn e se espalharam principalmente na região yorubófona da atual República do Benin (antigo Daomé). No Brasil deu origem ao termo "nagô".
ÀNÀMỌ́ O mesmo que "kúkúndùnkún".
ÁNBÈLÈNTÉ Quanto menos.
ÁNBỌ̀TÓRÍ Muito mais.
ÀNFÀNÍ Interesse. Licença. Vantagem.
ÁNGẸ́LÌ Anjo.

ÀNI Ainda.
ÀNÍ Assim.
ÀNÍ-ÀNÍ Dúvida.
ÀNÌKÀNGBÉ Solidão.
ÀNÍTÁN Perfeito.
ÀNÍYÀN Preocupação.
ÀNJỌ̀NÚ Espírito do outro mundo.
ANỌN Passado. Ontem. Antigo.
AO Contração de “awa” e “yio”. Nós vamos.
APÁ Braço.
ÀPÁÀRÁ Relâmpago. Trovão. Estrondo.
APÁKAN Parte. Parcela.
APÁLÁ Pepino.
APÀNIYÀN Assassino.
APÁRÁ Humor. Piada.
APÁRÍ Careca.
ÀPÁRÍ IṢU Extremidade seca de inhame útil apenas para o plantio.
APARO Codorna. Perdiz.
ÀPÁTA Rocha. Rochedo.
ÀPÁTA Escudo.
ÀPÈJẸ O mesmo que “àsè”.
ÀPEJỌ Conferência.
ÀPÉJỌPỌ̀ ỌMỌLẸ́HÌN KRISTI Igreja.
ÀPÈJÚWE Descrição.
ÀPÉRÒ O mesmo que “àpejọ”.
APÈSÈ Abastecedor.
APẸJA Pescador.
APẸRAN Aquele(a) que mata animal.
ÀPẸRẸ Desenho. Figura. Retrato. Exemplo. Lição. Padrão. Nota.
APẸ̀RẸ̀ Cesto. Cesta.
APO Aljava. Bolsa para guardar flechas.

ÀPÒ Bolso. Bolsa. Sacola. Saco.

APO-IFÁ Bolsa onde o bàbáláwo guarda seus instrumentos de oráculo.

APO-ÌWÀ Bolsa da existência, onde estavam os objetos a partir dos quais o mundo foi criado.

APOLA EYÍN Mandíbula.

ÀPÒLÚKÙ Abdome. Barriga.

ÀPONLÉ Ato de adular, paparicar.

ÀPÓTÍ Caixa. Assento de madeira. Banco. Mala.

ÀPÓTÍ AṢỌ Mala.

ÀPÓTÍ ÌBÒ Urna.

ÀPÓTÍ ÌFI AṢỌ SÍ O mesmo que "àpótí aṣọ".

ÀPÓTÍ IFOWO PAMỌ́ SÍ Cofre.

ÀPÓTÍ ÌWÉ Estante. Caixa de livros.

ÀPỌ́N O mesmo que "aláìláya".

ARA Corpo. Corpo físico.

ARÁ **1.** Irmão ou irmã. **2.** Cidade nigeriana onde se cultua Ògún Alará, também conhecido como Ògún-já. **3.** Ser humano. Pessoa. Habitante. Membro de uma comunidade determinada. Irmandade. Parente. Povo.

ÀRÁ O mesmo que "àpáàrá".

ARA ẸSẸ Canela. Perna.

ARA LILE Saúde.

ARÁ Parente.

ARÁ ÌLÚ Conterrâneo. Compatriota.

ARÁ ÌLÚ MIRÀN Estrangeiro. O mesmo que "àlejò".

ARÁÀLÚ O mesmo que "Ará ìlú".

ARÁBÌNRIN Irmã.

ARÁBÌNRIN IYA TÀBI BÀBÁ Tia (paterna ou materna).

ÀRÀKÁ Aquele que se expande. Aquele que se autoilumina. Nome alusivo ao orixá Oxumaré.

ARAKÉTU Contração ou fusão de "Ará" e "Kétu". Habitante de Kétu. Povo de Kétu.

ARÁKÙNRIN Irmão.

ARÁKÙRIN IYA TÀBÍ BÀBÁ Tio (paterno ou materno).

ARÁNBÀTÀ Sapateiro.

ÀRÀNKÁ O mesmo que "àràká".

ARÁNṢỌ Costureira. Alfaiate.

ARÁYE Habitante da Terra. Humanidade. Povo.

ARÉ Brincadeira.

ÀRE Razão. Inocência.

ÀRẸ̀MỌ Primogênito.

ÀRÉKÉREKÈ Sutileza. Vagabundagem.

ARẸ́NIJẸ Impostor. Enganador. Trapaceiro.

ARIN Centro. No centro. Entre. No meio de. Dentro de. Por entre.

ARÌNNÀ ÀJÒ Viajante. Passageiro.

ÀRINNÀKÒ O mesmo que "àkọṣẹ̀bá".

ARÌRÒ Fogueira. Lareira.

ÀRÍWÁ Norte.

ARIWO Barulho. Ruído.

ARIYA Festa. O mesmo que "ọdún".

ARÓ Cor azul. Tinta azul.

ARỌ Aleijado.

ÀRỌ́ Funil.

ARỌKIN Contador de história nos reinos yorùbá.

ÀRỌNÌ Deformidade. Divindade dos vegetais que possui um braço, uma perna e um olho. Confunde-se com Ossaim.

ÀRÓLE Nome atribuído a Oxóssi, orixá da caça.

ÀRÒLÉ Herdeiro.

ARÓLẸ̀ Pó ou pedra que produz tinta azul.

ÀRÒYÉ Palestra. Explicação.

ÀRÚDÀ Aceito (relativo a sacrifícios e oferendas).
ARUGBO Velho. Ancião.
ÁRỌ̀N Verme.
ÁRỌ́N Veludo.
ÀRÙN O mesmo que "àìsàn".
ARUNGUN Esbanjador. Imprudente. Filho pródigo.
ÀRÚWÁ Agora.
ASÀ O mesmo que "àpáta".
ASA SILE Depósito.
ASÁN Vaidade. Vago. Vazio. Nada.
ASAN Pessoa inútil. Incorrigível.
ÀSÈ Festa. Ceia. Banquete. Celebração.
ÀSÈ ÀPÈJẸ O mesmo que "àsè".
ASETO Programador.
ASẸ́ Peneira. Coador. Joeira.
ÀSÌKÒ Vez. Hora.
ÀSÌKO O mesmo que "àkókò".
ÀSÌKO ỌFÌNKÌN Outono/inverno.
ÀSÌKO Ọ̀YẸ́ Época de frio nas regiões do Sahel.
ÀSÌKO TÍ Ó WỌ̀ Oportunidade. Tempo ou momento oportuno.
ÀSÌKO YI No momento atual.
ASIWÁJÚ Aquele que vai na frente de todas as pessoas. Título dado aos orixás Exu e Ogum.
ÀSỌKÚN Acréscimo.
AṢA Pessoa malcomportada.
ÀṢÁ Gavião.
ÀṢÀ Hábito. Costume. Tradição. Moda. Maneira. Cultura.
AṢÁÁJÚ Cabeça. Líder. Guia.
ÀṢÀ ÌGBÀLODÉ Moda. Modernidade.

ÀṢÁLẸ́ Véspera.
AṢÁLẸ̀ Deserto. Terra árida.
ÀṢÀRÒ Meditação.
AṢELU Pessoas que comandam a terra local. Político.
ÀṢẸ Termo de múltiplos significados. Força sobrenatural que assegura a existência do homem e permite que as coisas aconteçam. Poder das divindades. Local da fundação do terreiro. Partes do animal sacrificado. Compartimento de reclusão para iniciação. Força. Poder. Princípio de realização. Lei. Ordem. Soberania.
ÀṢẸ́ Menstruação. O mesmo que "oṣu".
ÀṢẸ LÁTI WỌ ÌLÚ ÀJÈJÌ Visto.
ÁṢẸ̀ṢẸ́ Rito mortuário que ocorre por ocasião da morte de um iniciado no culto aos orixás. Este termo é traduzido por alguns como "origem da origem".
AṢẸ́WÓ Prostituta(o).
ÀṢEYỌRÍ Êxito.
AṢÍPA **1.** Título tradicional do presidente da liga de caçadores de uma cidade yorubana. **2.** Título de um dos oito ministros que constituem o Ọ̀yọ́mèsì, o colegiado real no palácio do Aláàfin, rei de Ọ̀yọ́. Também em Kétu. **3.** No Brasil, nome da linhagem africana de Mãe Senhora Oxum Muiwá e Mestre Didi Alapini.
ÀṢÌṢE Erro.
AṢỌ Roupa. Vestimenta. Tira de pano.
AṢỌ ÀKÉTE O mesmo que "aṣọ ìbora".
AṢỌ ÀLÀ Roupa branca.
AṢỌ ÀLÀ OKU Roupa branca usada para vestir o defunto.

AṢỌ ÀRÍYÁ Roupa a rigor.
AṢỌ ÀWỌ̀LÉKÈ Sobretudo. Capa. Casaco.
AṢỌ ẸGBÉJỌDÁ Uniforme. Roupa usada por membros da mesma família durante uma festa coletiva.
AṢỌ FÈRÈSÉ TÀBI ẸNU Ọ̀NÀ Cortina.
AṢỌ GIGUN Vestido longo.
AṢO HÍHUN Tecido. Fazenda.
AṢỌ ÌBORA Colcha. Lençol.
AṢỌ IBÙSÙN Lençol.
AṢỌ ÌLÉKÈ Paletó.
AṢỌ ÌLÉKÈ AṢỌ ÌWỌ̀SÙN Robe.
AṢỌ ÌNU ÀWO Pano de copa. Pano de prato.
AṢỌ INUJÚ Toalha de rosto. Lenço.
AṢỌ ÌNURA Toalha de banho.
AṢỌ ÌRỌ̀RÌ Fronha.
AṢỌ IWẸ LOKUN Maiô.
AṢỌ ÌWỌ̀SÙN Pijama.
AṢỌ TÁBÌLÌ Toalha de mesa.
AṢỌ TÍTẸ́ SÍLẸ̀ O mesmo que “aṣọ ibùsùn”.
AṢỌ WÍWỌ̀ Vestido.
AṢÒDÌ O mesmo que “alátakò”.
AṢỌ́GBÀ Jardineiro.
AṢÒGÚN Aquele que utiliza a faca de Ogum. Responsável pelo sacrifício de animais.
AṢOJÚ Agente. Representante.
AṢÓÒGÙN Pessoa que pratica magia ou medicina por meios mágicos.
ÀṢỌTẸ́LẸ̀ O mesmo que “àfọ̀ṣẹ”.
ATA Pimenta.
ATA NLA Pimentão.
ATAARE Pimenta-da-costa.
ATAFO OJÚ Filme. Catarata.
ÀTÀNPÀKÒ Dedo polegar.

ATAỌJA Título tradicional de todo rei da cidade de Ọṣogbo na Nigéria.
ÀTÀTÀ Importante. Destacado. Notável.
ATE O mesmo que "akétẹ̀".
ÀTÈ Goma. Látex. Cola.
ÀTÈTÈKỌ́ṢE O mesmo que "àkọ́bẹ̀rẹ̀".
ÀTẸ Peneira. Tabuleiro.
ATẸ́GÙN Vento. Aragem. Bafo. Ventar.
ÀTẸ́GÙN Degrau.
ÀTẸ̀GÙN ILÉ Escada de casa.
ATẸJA Peixeiro.
ÀTẸ́LẸSẸ̀ Sola do pé.
ÀTẸ́LẸWỌ́ Palma da mão.
ÀTẸ́WỌ́ Expressão pa àtẹ́wọ́/pàtẹ́wọ́ (bater palmas).
ÀTI Conjunção "e", "com".
ÀTIDÉ. Vinda. Volta. Regresso.
ATIJỌ Antigamente.
ÀTÍKÈ Pó de arroz utilizado como produto de beleza.
ÀTỌ̀ Sêmen. Esperma.
ÀTÒRÌ Vara ritual usada no culto a Oxalá.
ATÓTÓ Saudação a Obaluaiyê. Vocativo. Preste atenção, ó magnificente!
ATỌ́KÙN Sacerdote que escolta e acompanha o egum.
ÀTÚNṢE Acomodação. Adaptação. Remédio. Correção.
ÀTÙPÀ Lâmpada.
ÀWA Pronome enfático: nós.
AWAKỌ̀ Motorista. Piloto.
ÀWÁRÍ Busca. Procura.
ÀWÉ Amigo.
ÀWẸ̀DÁ Sabão vegetal.

ÀWÌN Fiado.
AWO Mistério. Segredo. Fundamentos do culto. Sacerdote do culto aos orixás.
AWÓ Galinha-d'angola.
ÀWO Prato. Louça.
AWỌṢỌ Aquele(a) que veste roupa.
ÀWO FIFẸ̀ NLA Travessa. Prato para bolo.
ÀWO ÌFỌWỌ́ NI BALÙWẸ̀ Pia. Lavatório.
ÀWO KÉKÉRÉ Pires.
AWÒ OJÚ Óculos.
ÀWO PẸRẸSẸ Prato.
AWOMI O mesmo que "aláfọ̀ṣẹ". Quem consulta oráculos através da água.
AWÒRAN Plateia.
ÀWÒRÁN Imagem. Retrato. Mapas. Desenho. Figura. Padrão. O mesmo que "àpèjúwe".
ÀWÒRÀN ARA ÒGIRI Quadro.
ÀWÒRÒ Sacerdote de orixás.
ÀWOṢE Padrão. Modelo.
ÁWỌ Couro. Pele humana ou de animal.
ÀWỌ̀ Cor.
AWỌ ARA Pelo. Pele.
AWỌ ARÓ Cor azul. Azul-escuro.
ÀWỌ̀ DÚDÚ Preto. Cor preta.
ÀWỌ̀ ELÉÉRÚ Cinza ou pardo. Cor cinza ou parda.
ÀWỌ̀ ELÉSÈ ÀLÙKÒ Roxo. Cor roxa.
ÀWỌ̀ EWÉKO Verde. Cor verde.
ÀWỌ̀ FUNFUN Branco. Cor branca.
ÀWỌ̀ ÒFÉFÈÉ Azul. Azul-celeste.
ÀWỌ̀ OMI ỌSÀN Laranja. Cor laranja.
ÀWỌ̀ PÁKÓ Marrom. Cor marrom.
ÀWỌ̀ PUPA Vermelho. Cor vermelha.
ÀWỌ̀ PUPA RÚSÚRÚSÚ Amarelo. Cor amarela.
ÀWÒKÀ Revista.

ÀWỌN Pronome enfático utilizado para indicar o plural. Eles, elas, os, as. Ex.: Awọn òrìṣà (os orixás).
ÀWỌ́N Língua. Também pronunciado àhọ́n.
ÀWỌ̀N Rede.
ÀWỌN ÈNÌYÀN O mesmo que "ènìa".
AWỌN NKAN (As) coisas.
ÀWỌN TÍ Ó PỌ̀ JÙ Maioria.
AWỌNYI Estes, estas.
ÀWỌSÁNMÀ Nuvem.
AWUN Avareza, mesquinhez; pessoa mesquinha.
AYA O mesmo que "ìyàwó". Esposa. Mulher.
ÀYÀ Peito. Mama. Seio.
AYA ÀFẸ́SỌ́NÀ Noiva.
AYA NINI Coragem.
AYABA Rainha. Esposa ou mulher do rei. Termo designativo para divindades femininas.
ÀYÀFI Exceto. Somente. A menos que. A não ser que.
ÀYÀN Divindade protetora dos atabaques. Aquele que toca atabaque.
ÀYÀNMỌ́ Destino.
ÀYÀNMỌ́ ÌPÍN O mesmo que "àyànmọ́".
ÀYÈ Posição. Acomodação. Oportunidade. Vantagem. Vez. Liberdade.
AYÉ O mesmo que "aiyé".
ÀYÈ ISINMI Folga.
AYÉKÒTÍTỌ Papagaio.
ÀYÍDÀ Muda, do verbo mudar.
ÀYÍKA Roda. Entorno.
ÀYÍKÁ O mesmo que "àdúgbò".
AYIN'NI Admirador. Adulador.
AYINDE Reencarnação.
AYINRIN Cor radiante ou brilhante. Azul-claro.
AYÒ Jogo. Nome de um jogo comum na África Ocidental.

ÀYỌ̀ De vinho – frescura.
AYỌ̀ Alegria. Júbilo. Regozijo. Felicidade.
ÀYỌ̀N O mesmo que “àyàn”.
ÀYÍPADÀ O mesmo que “àyídà”.
AYÙ Alho.
AYÚN Despedida. Ida. Partida.
AYUN ILÉ ẸNI Saudade da terra.

B*b*

B'A Contração de "bi" e "a". Assim que nós, se nós.

B'ÁYỌ̀ Contração de "bá" e "ayọ̀". Ficar feliz pela felicidade do outro. Comemorar com outro. Ex.: Mo bá ẹ yọ̀ (estou feliz por você).

B'ẸKỌ́ Contração de "bú" e "ẹ̀kọ́": Apanhar ou pegar ẹ̀kọ (àkàsà).

BẸ́Ẹ̀KỌ́ Negação. Não. Não é assim.

B'Ẹ̀BẸ̀ Contração de "bẹ̀" e "ẹ̀bẹ̀". Implorar. Pedir perdão.

B'ÓJÚ BÁ MỌ́ Ao amanhecer.

B'ỌLỌ́NA Encontrar com Exu, o dono da rua, senhor dos caminhos.

B'OMI Apanhar água. Pegar água.

B'ORÍ Contração de "bọ" e "orí". Ritual para fortalecer a cabeça. Alimentar a cabeça. Fazer sacrifício à cabeça.

B'ÒRÌṢÀ Cultuar o orixá.

BA Esconder.

BÁ 1. Encontrar. Alcançar. Atingir. **2.** Junto a outro verbo significa "ajudar" ou "com".

BÀ Pousar. Aterrissar.

BÁ DÀMỌ̀RÀN Aconselhar.

BÁ DÙ O mesmo que "dù".

BÁ GBÌRÒ Tratar.

BÁ KẸ́GBẸ́ Associar. Acompanhar. Conviver.

BÁ LÁÌRÒTẸ́LẸ̀ Surpreender.

BÁ LÀJÀ Reconciliar.

BÁ LÓJIJÌ O mesmo que "bá láìròtẹ́lẹ̀".

BÀ LÓRÚKỌ JẸ́ Caluniar.

BÁ LỌ Acompanhar.

BÁ LỌ̀ Tratar.

BÁ MU Combinar. Acomodar.

BÁ TO Ajudar a arrumar.

BÀ NÍ ORÍ JẸ́ Enlouquecer.
BÀ NÍNÚ JẸ́ Magoar. Ofender. Sentir. Vexar.
BÁ NṢO Continuar. Prosseguir.
BA PÀDÉ Encontrar.
BÁ PÍN Partilhar.
BÁ RI Acomodar. Tornar-se amigo de alguém.
BÁ RÌN Acompanhar. Conviver.
BÁ ṢE Ajudar a fazer.
BÁ ṢIRÉ Brincar com.
BÁ SỌ̀RỌ̀ Conversar.
BÁ WÁ Acompanhar.
BÁ WÍ Advertir. Corrigir. Disciplinar. Vituperar. Castigar.
BÁ YỌ̀ Congratular. Parabenizar. Ficar contente pela boa sorte do outro.
BÀÀLÚÙ Avião.
BÀBÁ Pai. Termo usado para se referir a Oxalá ou a Eégún.
BABA BABA Avô.
BABA BABA BABA Bisavô.
BÀBÁ ÌSÀMÌ Compadre. Padrinho de batismo.
BÀBÁ ÌYÀWÓ TABI ỌKỌ ẸNI Sogro.
BÀBÁ KÉKERÉ Pai pequeno, a segunda pessoa no culto.
BÀBÁ NLA Avô. O mesmo que "baba baba".
BÀBÁLAṢẸ Pai do "axé".
BÀBÁLÁWO Pai do segredo. Sacerdote do oráculo de Ifá.
BÀBÁLORÌṢÀ Pai que cuida do orixá. Sacerdote dos orixás.
BABALỌSANYÌN Sacerdote do culto de Ossaim.
BÀJẸ́ Estragar. Apodrecer. Mofar. Azedar. Quebrar. Ruim. Abortar. Adulterar. Decair. Demolir.

BÁKANNÁÀ Também. Igual.
BÁKÚ Morrer com.
BALÓGUN Comandante de guerra.
BALÙWẸ̀ Local onde o iniciado toma banho. Banheiro.
BALÙWẸ̀ ALAWO Banheira.
BÀNBÀ Grande. Imenso. Vasto. Enorme.
BANTẸ Avental. Short. Cueca.
BANÚJẸ́ Sentido. Desanimar-se.
BARA Conjunção das palavras "ọba" (rei) e "ara" (corpo), rei do corpo. Nome atribuído a Exu.
BÀRÀ Melancia.
BÀRAKÚ Hábito. Uso.
BAṢỌRUN Primeiro ministro do rei de Ọ̀yọ́.
BÀTÀ Ritmo e dança atribuídos ao orixá Xangô. Conjunto de tambores tradicionais utilizados no culto a Xangô.
BÀTÁ Sapato.
BÀTÀ GÍGÙN TÍ ỌKÙNRIN Botas.
BÀTÀ OBÌNRIN Sapato de mulher.
BÀTÀ-KOTO Pequeno tambor usado pelo povo ẹ̀gba na Nigéria.
BÁWÍ Castigar. Corrigir. Repreender.
BÁWI PÚPỌ̀ Ralhar.
BÁWO Como?
BAYÀNNÌ Baiani. Divindade considerada por alguns como a mãe de Xangô e, por outros, uma irmã mais velha. Também o nome de uma coroa feita de búzios usada por Xangô.
BÁYÌÍ Assim. Deste modo. Portanto. Por conseguinte.

BÈBÈ 1. Margem. Beira. **2.** Nome dado às contas usadas por mulheres yorubanas em forma de cinto em torno da cintura.
BÉÈRÈ Perguntar. Pedir. Pesquisar.
BÉÈRÈ FÚN Pedir.
BÉÈRÈ FÚN ẸTỌ́ ẸNI Pretender. Reinvindicar.
BẸ 1. Pessoa sem educação. Mal-educado. **2.** Cortar. Tirar a casca.
BẸ̀ Pedir. Suplicar. Implorar. Pretender. Rogar. Desculpar-se de alguém.
BẸ́ Pular. Saltar. Estourar. Explodir.
BẸ̀BẸ̀ Implorar com muita persistência.
BẸ́ SÍLẸ̀ Cair. Pular para baixo.
BẸ́ SÍNÚ ODÒ TÀBÍ ÒKUN Mergulhar.
BIBI Pedir esclarecimento. Indagar. Questionar.
BẸ́Ẹ̀ Prefixo para sim (Bẹ́ẹ̀ni) ou não (Bẹ́ẹ̀kọ́).
BẸ́Ẹ̀ GẸ́GẸ́ Também. Assim mesmo. Da mesma forma.
BẸ́Ẹ̀ KỌ́ Não. Nunca. Jamais.
BẸ́Ẹ̀ KỌ́ LÁI O mesmo que "bẹ́ẹ̀ kọ́".
BẸ́Ẹ̀ NI Sim.
BẸ̀WO Visitar. O mesmo que "kí".
BẸẸ̀ YẸN Assim. Dessa forma.
BẸ́Ẹ̀NI O mesmo que "bẹ́ẹ̀ ni".
BẸ̀Ẹ̀RẸ̀ O mesmo que "bẹ̀rẹ̀".
BẸ́Ẹ̀RẸ̀ Primeira filha. Título de honra entre as mulheres yorubanas.
BẸKỌ O mesmo que "bẹ́ẹ̀ kọ̀".
BẸKỌ LAI O mesmo que "bẹ́ẹ̀ kọ́". Nunca mais.
BẸLẸBẸ Suave.
BẸ̀MBẸ́ Tambor comum entre os ẹ̀gbá e ẹ̀gbádò, usado na cerimônia de Gẹ̀lẹ̀dẹ́, culto de homenagem às mulheres.

BẸRẸ 1. Principiar. Começar. Iniciar. **2.** Abaixar. Abaixar-se.
BẸRẸSÍ Começar a. Começou a.
BẸRÙ Ter medo. Estar com medo. Temer.
BÍ 1. Nascer. Gerar. **2.** Contração de gẹgẹbi. Conforme. Segundo. Como. **3.** Conjunção "se".
BÌ Vomitar.
BÍ ÀTẸHÌNWÁ Usual. De modo habitual.
BÍ BẸẸ KỌ Senão.
BÍ I Como. Feito. Parecendo.
BÍ IRÚ ÈYÍ Assim. Parecido com este.
BÍ KÒ ṢE BẸẸ O mesmo que "bí bẹẹ kọ".
BI LÉÈRÈ Perguntar. Interrogar. Indagar.
BÍ NÍNÚ Vexar. Zangar.
BÍ Ó TILẸ RI BẸẸ Ainda assim. Mesmo sendo assim. Embora.
BÌ ṢUBÚ Derrubar. Tombar.
BÍ TI TẸLẸ O mesmo que "bí àtẹhìnwá".
BÍ'MỌ Contração de "bí" e "ọmọ". Dar à luz.
BÍ'NÚ Ficar furioso. Ficar zangado.
BÍBANÚJẸ Tristeza. Desânimo.
BÍBÁYỌ Parabenizar. Comemorar com alguém.
BIBI Ato de nascer. Gerar.
BÍBỌ Vinda. Chegada. Regresso. Retorno.
BIBUN Ação de doar. Presentear.
BÌKÍTÀ Preocupar-se com alguém ou alguma coisa.
BÍLA Abrir caminho.
BÍNÚ Zangar-se.
BIRIBIRI Tonteira. Escuridão.
BÌLÍSÌ O mesmo que "burúkú".
BÌTA Promover conflito. Briga. Luta. Disputa. Contenda.
BÓ Tirar a casca.

BÒ 1. Cobrir. Encobrir. Tampar. Embrulhar.
BÒ MỌLẸ̀ Sepultar. Enterrar.
BÓ NÍ AWỌ Depilar. Raspar a pele.
BÒDE Pronúncia brasileira da expressão "Gbòde". Tomar conta da festa ou da rua. Estar no ar.
BÒGÚN Adorar o orixá Ogum. Contração de "bọ́" e Ògún.
BOJUMU Digno. Justo. Correto.
BOJUTÓ Tomar cuidado. Prestar atenção.
BORÍ 1. O mesmo que "B'orí". **2.** Ganhar. Vencer. Bater.
BÓYÁ Talvez.
BỌ Adorar. Venerar. Cultuar.
BỌ́ 1. Remover. Tirar. **2.** Alimentar. Cair.
BỌ̀ Voltar. Retornar. Chegar. Vir.
BỌ́ OYÈ SÍLẸ̀ Abdicar.
BỌ BÀTÀ Calçar.
BỌ́Ọ̀LÙ Bola.
BỌRỌKINNI Pessoa famosa. Notável.
BỌ'NÀ Contração de "Bọ́ si ọ̀nà". Entrar no caminho. Seguir o caminho. Começar uma viagem.
BỌ́LÁṢỌ Despir. Tirar as roupas de alguém. Destronar, desmascarar.
BỌ́TA Manteiga.
BỌ̀WỌ̀ FÚN Honrar. Respeitar.
BÚ Xingar. Abusar. Vituperar.
BU O mesmo que "bàjẹ́".
BÙ Apanhar. Pegar. Pegar a parte. Tirar. Cortar em pedaços.
BU IYÌ FÚN Honrar. Respeitar. O mesmo que "bọ̀wọ̀ fún".
BÙ JẸ Morder. Picar.
BÙ KÙ Abaixar. Descer. Falar mal de alguém.
BU ỌLÁ FÚN O mesmo que "júbà" e "bọ̀wọ̀ fún".

BU ỌWỌ FÚN O mesmo que “bọwọ fún”.
BÙ ṢÁN O mesmo que “bù jẹ”.
BÙ SO Prender.
BÚBURÚ Mal. Ruim.
BÙJẸ Morder.
BÙKÚN Abençoar. O mesmo que “súre”.
BULA Adulterar. Misturar.
BÙN Presentear.
BUPÁ Vacinar.
BÚRA Adjurar. Jurar.
BÚRẸDÌ Pão.
BURẸWA Feia.
BÚRỌỌSÌ Escova de cabelo.
BÚRỌỌSÌ ÌFỌ EHÍN Escova de dente.
BURÚ Mau. Cruel. O mesmo que “burúkú”.
BURÚ JÙ Pior.
BURÚ SI Piorar.
BURÚ SÍWÁJÚ Decair.
BURÚJÙ O mesmo que “burú jù”.
BURÚKÚ Mal. Tudo o que se opõe ao bem.
BÚLÚÙ Azul.
BUYÌ FÚN O mesmo que “bọwọ fún”.

Dd

D'ÁGÒ Pedir licença. Mistura de yorùbá com português "dar àgò", do yorùbá "ké àgò".
D'ALẸ́ Contração de "di" e "alẹ́". Ficar até a noite. (A gente se vê à noite). Chegar à velhice.
D'Ẹ́BI Contração de "dá" e "ẹ̀bi". Condenar. Culpar. Sentenciar.
D'ỌDẸ Contração de "dẹ" e "ọdẹ". Caçar. Fazer caça.
D'ỌDỌ̀ Contração de "dé" e "ọ̀dọ". Chegar até. Chegar perto de. Chegar no lugar de.
DÁ 1. Partícula que antecede o verbo e significa "sozinho". Ex.: Dá wà = Ficar só. 2. Criar. Fazer. Fabricar. Contribuir. Instituir. Quebrar.
DA Jogar. Ex.: Da ọ̀pẹ̀lẹ̀ = Consultar (oráculo de Ifá).
DÀ 1.Verbo elíptico usado em expressões. Como está? Onde está? Cadê? Ex.: Owó dà? (onde está o dinheiro?). 2. Tornar a ser. Tornar-se.
DÁ ÀBÁ O mesmo que "dámọ̀ràn".
DÁ ARA DÚRÓ Abster-se. Controlar-se.
DÁ ARIWO SÍLẸ̀ Tumultuar. Arrumar confusão.
DÁ BỌ Oferendar. Venerar sozinho. Adorar sozinho.
DA BỌ Contração de "da ẹbọ". Oferendar. Venerar. Adorar.
DÁ DÚRÓ Adiar. Atrasar. Interromper. Refrear.
DÁ ẸJỌ́ Julgar.
DÁ GBÉ Isolar-se. Morar sozinho.
DÁ ÌDÙNNÚ Forma simplificada da expressão "dáwọ́ ìdùnnú". Ficar contente. Comemorar.
DÁ ÌRÚKÈRÚDÒ SÍLẸ̀ O mesmo que "dá ariwo sílẹ̀".
DÁ J'ẸBỌ́ Comer oferenda sozinho.
DÁ KÚ Desmaiar.
DÁ L'ÁGARA Aborrecer. Cansar. Enjoar.

DÁ LÁRE Dar razão a alguém. Absolver.
DÀ LÉ Acumular.
DÁ LẸ́KUN Conter. Reter. Reprimir. Refrear. Retrair. Impedir. Estorvar. Atalhar. Dominar. Controlar. Restringir. Limitar. Encarcerar.
DÁ LẸ́BI O mesmo que "báwí".
DÁ LÓRÓ Torturar. Tormentar. Vingar-se de alguém.
DÁ LỌ́WỌ́ DÉLẸ̀ Render. Vencer.
DÀ MÌ Ingerir. Engolir.
DÁ NÍ ỌLÁ Decorar. Condecorar. Homenagear.
DÁ NÍDÈ Desamarrar. Libertar. Emancipar. Alforriar.
DÀ (ONJẸ) Digerir.
DÁ Ọ̀RỌ̀ MỌ́ L'Ẹ̀NU Interromper.
DÁ Ọ̀RỌ̀ SÍLẸ̀ Abordar (um assunto).
DÁ OWÓ Contribuir com dinheiro.
DÁ PADÀ Devolver. Retornar. Retribuir.
DÀ PỌ̀ Ligar. Combinar. Aproximar.
DÁ SÍ Poupar (a vida). Perdoar. Salvar.
DÁ SÍLẸ̀ Causar. Instalar. Produzir. Resgatar. Soltar. Fundar (empresa).
DÁ ṢÁKÁ Ficar puro. Claro. Limpo.
DÁÀBÒBÒ Abrigar. Acolher. Agasalhar. Cobrir. Guardar. Proteger. Zelar.
DÁADÁA Bem.
DÀÀMÚ Desconcertar. Desorientar. Complicar. Tornar confuso. Causar confusão ou perplexidade.
DÁBÀÁ Sugerir. Propor.
DÀBÍ Parecer. Assemelhar-se a algo.
DÁBÙÚ Atravessar. Colocar na posição horizontal.
DÁDÓ O mesmo que "dá gbé".
DÀGBÀ Crescer. Amadurecer. Aumentar. Desenvolver. Envelhecer.

DÀGBÉRE Despedir-se. Deixar um lugar.
DÁHÙN Responder. Atender a.
DÁJỌ́ Julgar.
DÁJÚ Certo. Real.
DÁKẸ́ Acalmar. Calar. Descansar. Sossegar.
DÁKỌJÁ Atravessar de um lado ao outro.
DÁKUN Por favor. Faça o favor.
DÁLÁṢÀ Atrever-se.
DALẸ̀ Trair.
DÀLÙ O mesmo que "dàpọ̀".
DÁMÌ Engolir.
DAMIJÉ Chorar.
DÁMỌ̀RÀN Aconselhar. Opinar. Sugerir.
DÁN Brilhar. Engraxar. Pelar.
DÁN NÍ ORÍ Pelar a cabeça.
DÁNA Assaltar.
DÁNÁ Preparar o fogo. Cozinhar.
DANDAN Obrigatório.
DANDANDAN Sem opção nem saída.
DÁNILÁGARA O mesmo que "dá l'ágara".
DÀNÙ Atropelar. Cair.
DÁNWÒ Testar. Provar. Tentar.
DÀPỌ̀ Misturar. Juntar. Grupar. Reunir. Unir.
DÀPỌ̀ ṢỌ̀KAN Incorporar. Reunir.
DÁRÀ Contração de "dá àrà". Inovar.
DÁRA Condição de ser ou estar bom, boa, bonito(a), ótimo(a), excelente, maravilhoso(a). Formoso(a).
DARA FÚN Ter uma situação boa. Ter boa sorte.
DÁRA JÙLỌ O melhor. Ótimo.
DÁRA PUPỌ Muito bem.
DÁRA SÍI Melhorar.
DÁRADÁRA Bem. Muito bem. O mesmo que "dáadáa"

DÁRAJÙ Melhor (que).
DÀRÀN Fazer coisa ruim. Cometer crime.
DARAPỌ̀ MỌ́ Associar-se a.
DÁRAYÁ Animar-se. Ficar animado.
DARÍ Dirigir. Controlar. Presidir.
DARÍBỌ̀ Voltar. Retornar. Regressar.
DÁRÍJÌ Desculpar. Perdoar.
DÁRÒ Lamentar-se. Arrepender-se. Afligir-se. Mortificar-se.
DARÚGBÓ Envelhecer.
DÁṢÀ O mesmo que "dáláṣà".
DÁWÓ Contribuir com dinheiro. Pagar imposto.
DÁWÓ ÒDE Taxar.
DÁWỌ́ DÚRÓ O mesmo que "dẹ́kun".
DAWỌ́BÒ Fazer juntos. Fazer em conjunto.
DÁWỌ́LÉ Assumir. Tentar. Iniciar.
DÁYÁ FÒ Espantar. Apavorar.
DÉ Chegar. Vir. Retornar. Voltar. Alcançar. Cobrir. Tapar.
DÉ NÍ ADÉ Coroar.
DE'LÉ Chegar em casa. Chegou em casa.
DÉ'NÚ Contração de "dé" (até) e "inú" (barriga). Do fundo do coração.
DÉDÉ De repente.
DÉÉDÉÉ Regular. Sem sobressalto.
DÈJÌ Transformar-se em dobro. Sufixo comum em nomes yorubanos dados aos primeiros filhos de uma família. Ex.: Ògúndèjì, Awódèjì.
DÈNÀ Impedir. Bloquear.
DẸ Caçar. Emboscar.
DẸ̀ 1. Afrouxar. Desamarrar. Folgar. Suave. **2.** Ficar madura (fruta).
DẸ̀ LÁRA O mesmo que "tù lára".

DẸHUN Abaixar a voz.
DẸJÚ Suavizar-se. Acalmar-se.
DẸ́KUN Parar. Descontinuar.
DẸRA O mesmo que "dẹjú".
DẸ́RUBÀ Assustar. Espantar.
DẸRÙPA Taxar. Sobrecarregar.
DẸ́SẸ̀ DÚRÓ Hesitar. Dar uma pausa.
DI 1. Tornar-se. Transformar-se em. Tornar a ser. **2.** Até. Ex.: Ó d'ọ̀la (até amanhã).
DÌ Embrulhar. Embalar. Amarrar. Dobrar.
DÍ Fechar. Tapar.
DI ARỌ Aleijar-se. Tornar-se aleijado.
DI ASÁN Tornar(-se) nulo. Inutilizar.
DI ASÍNWÍN Enlouquecer.
DI BÁRAKÚ Habitual.
DI ẸRÚ Virar escravo(a).
DI ẸRÙ Embalar. Embrulhar. Fazer a bagagem.
DÌ LÓKÙN Amarrar com cordas.
DÍ LỌ́NÀ Impedir. Desestimular.
DÍ LỌ́WỌ́. O mesmo que "dí lọ́nà".
DÌ MÚ Apreender. Prender. Segurar. Reter. Deter.
DI ÒKÚ Morrer. Falecer.
DI ỌMỌ ẸGBẸ́ Filiar-se.
DI PÚPỌ̀ Tornar-se abundante. Multiplicar-se.
DÌ SÍNÚ ÀPÒ Empacotar. Colocar num saco.
DI WÈRÈ O mesmo que "bà ní orí jẹ́".
DÍBÀJẸ́ Apodrecer. Estragar-se.
DÌBÒ Votar.
DÍDÁ ARA Boa saúde.
DÍDÁLÁGARA Referente ao ato de ou referente ao fato de colocar à prova a paciência de alguém.
DIDAN Brilho. Brilhante. Luminoso(a). Brilhoso(a).

DÍDÁRA Ato ou efeito de "dára" ou "dáradára".
DÍDÉ O mesmo que "bíbọ̀".
DÌDE Levantar-se. Crescer. Ascender. Estar de pé.
DÌDE DÚRÓ Ficar em pé. Levantar-se.
DÍDỌ̀TÍ O ato de ficar/estar sujo(a).
DÍDÙN (NÍ ÌTỌ́WÒ) Doce. Gostoso. Saboroso. Ex.: Ìtọ́wò la fi n mọ dídùn ọbẹ̀ (é pela prova que se sabe um prato saboroso).
DÍẸ̀ **1.** Miúdo. **2.** Pouco. Pouca. Pequeno. Algum.
DÍẸ̀DÍẸ̀ Aos poucos. Pouco a pouco. Gradualmente. Paulatinamente.
DIFÁ Contração de "dá Ifá". Consultar Ifá. Jogar búzios. Fazer jogo divinatório.
DÌGBÀ Contração de "di ìgbà", usada na despedida. Ex.: Ó dìgbà = Até mais. Até logo.
DIGBÁ Fazer barreira. Construir uma cerca.
DÍGÍ Espelho.
DÍGÍ FÈRÈSÉ Vidraça.
DÍGÍ ÌRÍRAN OJÚ O mesmo que "awò ojú".
DÌJÀ (Uma situação) que degenera numa briga.
DÌJI Protetivo.
DÌJÌ Apavorado. Tornar-se perigoso. Meter medo.
DÌJỌ Juntos.
DÍJÚ Complicar-se.
DÍKÙ Reduzir.
DIMU Segurar. Agarrar. Apanhar.
DÍN **1.** Matemática. Sinal de subtração. **2.** Fritar. Torrar.
DÍN GBẸ Assar. Torrar.
DÍNKÙ Abreviar. Abaixar. Reduzir. Diminuir.
DINU Má pronúncia de "dìmú". Agarrar.
DÍPÒ Suprir. Substituir.
DÌPÒ Agrupar.

DITÍ Tornar-se surdo(a).
DÍYELÉ Estimar. Taxar. Valer. Avaliar. Aumentar o preço.
(D)JÀKÚTA Nome de orixá. Jàkúta. Justiceiro. Invendável. Combatente. Antigo deus do trovão da região de Ọ̀yọ́.
DÓ Parar. Ficar parado. Cessar.
DOJÚ ÌJÀ KỌ Guerrear. Lutar com. Opor-se a alguém.
DOJÚBOLẸ̀ Cair debruçado.
DOJÚKỌ Abordar. Enfrentar. Resistir.
DÓPIN Terminar.
DORÍKỌ́ Ficar triste. Deprimido.
DỌ̀BÁLẸ̀ Prostrar-se no chão. Reverência feita ao orixá.
DỌDẸ Caçar.
DỌ́GBA Nível. Uniforme. Ficar igual.
DỌ̀TÍ Sujar. Ficar sujo.
DÙ Lutar por. Esforçar-se. Competir. Pelejar.
DÙBÙLẸ̀ Deitar-se.
DÚDÚ Preto. Negro.
DÙN Doce. Agradável.
DÚN Soar. Ressoar.
DÚNDÚ Inhame frito.
DÙNDÚN Tambor falante. Orquestra do mesmo tambor.
DÙNMỌ́ Agradar. Gostar.
DÚPẸ́ Agradecer. Dizer obrigado.
DÚRÓ **1.** O mesmo que "dó". **2.** Ficar parado. Cessar. Ficar. Permanecer. Levantar.
DÚRÓ DÈ Aguardar. Esperar.
DÚRÓ FÚNNI Afiançar. Servir de fiador para outro.
DÚRÓ GANGAN Erguer-se. Manter-se na posição vertical.

DÚRÓ NÍBÌKAN Permanecer num local.
DÚRÓ NÍPÒ Ẹ̀LÒMÍRÀN Desempenhar. Substituir. Exercer um cargo temporariamente.
DÚRÓ PẸ́ Permanecer muito tempo no mesmo local.
DÚRÓ PẸ́ TÍTÍ O mesmo que "dúró pẹ́".
DÚRÓ ṢINṢIN Sem vacilar. Ficar firme. Sólido.
DÚRÓTÌ Atender. Apoiar alguém.
DÙRÙ Piano.
DÙÙRÙ Órgão.

Ee

EBI Fome.
ÈBÙ Pedaço. Fatia. Peça.
EDÉ Camarão. Pitu. Lagosta.
ÈDÈ Língua. Idioma. Linguagem.
ÈDÌDÌ Pacote.
ÈDÌDÍ Testamento.
ÈÉBÌ Vômito.
ÈÉBÚ Abuso. Ofensa.
EÈDÚ Carvão.
ÈÉFÍN Fumaça.
EÈGBỌN Carrapato.
EÉGÚN 1. Forma abreviada de "egúngún". Espírito de ancestral falecido. **2.** Espírito.
EEGUN Osso. Contração de "egungun".
EEGUN EÉKÚN Rótula do joelho.
ÈÉKÁNNÁ Unhas.
ÈÉKÁNNÁ ẸRANKO Pata de animal.
EÉKÚN Joelho.
ÈÉMÍ Hálito. Fôlego.
ÈÈPO Casca de árvore ou fruta.
EEPO Tez.
ÈÈPO-IGI Casca de árvore.
ÉÉRÚ Cinza.
ÈÉṢE Forma arcaica do pronome interrogativo "Por quê?"
ÈÈṢÌ Acidente. Acaso.
ÈGBÉ Perdição.
ÈGBÈ Coro. Vocal. Resposta de cântico.
ÈGBO Milho branco cozido. Canjica.
EGBÒ Ferida.
EGBÒGI Contração de "egbò igi". Raiz de árvores. Remédio. Remédio feito à base de ervas.
ÈGÉ O mesmo que "èbù".

EGÚNGÚN O mesmo que "eégún".
EGUNGUN O mesmo que "eegun".
EGUNGUN ARA HANGANGAN Esqueleto.
EGUNGUN ẸHÌN Espinha dorsal.
EGUNGUN ÌHÀ Costelas.
EHÍN Dente.
EHORO Coelho.
EINLA Boi.
ÈJE Número sete.
ÈJÌGBÒ Cidade da Nigéria onde Oxalá é o orixá do rei Ògìyán, daí a sua denominação como Òòṣà Ògìyán na yorubalândia e Oxaguiã no Brasil.
ÈJÌKÀ Ombros.
ÈJÌRẸ́ Apelido para gêmeos.
EJÒ Cobra. Serpente.
EJÒ-INÚ Vermes intestinais.
ÈKÉ Mentira. Falsidade.
ÈKEJÌ Segundo. Acompanhante. Ajudante.
ÉKÓ Nome yorubano para a cidade de Lagos na Nigéria.
ÉKÒ Quarto dos mistérios.
ÈKÒLÓ Minhoca.
EKU Preá. Rato do mato.
ÈKÙRỌ́ Semente de dendezeiro. Coquinhos do dendezeiro.
ÈKURU Iguaria feita com a polpa do feijão-fradinho enrolada na folha de bananeira e cozida no vapor.
ÈKÚTÉ Rato de casa.
ELÉÉRÚ Relacionado à fumaça.
ELEGBÈ Coro. Apoio.
ELÉGÉDE Abóbora.
ELÉJÌGBÒ Nome dado ao rei da cidade de Èjìgbò cujo título ritual é Ògìyán.

ELÉSÈ ÀLÙKÒ Purpúreo, roxo.
ELÉWÉ Aquele que possui ou vende folhas.
ÈLÓ Quanto. Ex.: Elo ni? (quanto é?).
ÈLÒ Ingredientes.
ÈLÙBỌ́ Farinha de inhame usada para o preparo de elubo.
ÈMI Eu.
ÈNÍ Hoje.
ÈNÌA Pessoa. Ser humano. Gente. Humanidade. Homem. Povo.
ÈNÌYÀN O mesmo que "ènìa".
ÈNÌYÀN DÚDÚ Negro africano ou seus descendentes.
ÈNÌYÀN KAN O mesmo que "ẹnìkan".
ÈNÌYÀN KÉNÌYÀN O mesmo que "aláìládèéhùn".
ÈNÌYÀN LÁSÁN Pessoa comum. Indivíduo sem valor.
ÈPÈ Praga. Maldição.
EPO Óleo. Azeite.
EPO-PUPA Azeite de dendê.
EPO ÒYÌNBÓ Querosene.
ERÉ Brincadeira. Festa. Festejo. Jogos.
ERÈ Jiboia.
ÈRE Estátua. Imagem. Ídolo. No candomblé afro-brasileiro, refere-se a espírito de criança.
ÈRÈ Lucro. Vantagem. Ganho. Renda. Benefício. Efeito.
ERÉ ÌDÁRAYÁ Exercício. Esporte.
ERÉ ÌJE Concurso desportivo. Competição.
ÈRE ÌRÍ O mesmo que "àwòrán".
ERÉ ORÍ ÌTÀGÉ Peça teatral. Dramatização.
ERÉ ORIN Concerto. Ópera.
ERÉ ṢÍṢE Jogo. Brincadeira.

ÈREDÍ Forma arcaica de "por quê?".
ERÈÉ Rins.
ERÈÉ TÚTÙ Vagem.
ERÉKÙṢÙ Ilha.
ERÌGÌ EHÍN Gengiva.
ERIN Elefante.
ERIN OMI Hipopótamo.
ÈRÒ 1. Pensamento. Razão. Propósito. Sentido. **2.** Multidão. Espectador. Passageiro. Viajante.
ÈRÒJÀ Ingrediente.
ERÙPẸ̀ Areia. Terra. Solo. Pó. Poeira.
ÈSAN Vingança.
ÈSÈ Tinta.
ÈSÌ Resposta.
ÈSO Fruto. Fruta.
ÈSO ÀJÀRÀ Uva.
ÈSO IGI ÌYEYÈ Ameixa.
ÈSO IṢẸ́ Efeito.
ÈSO ÌTÀKÙN Melão.
ÈSO KAJÚ Caju.
ÈSO KAN BÍ ÒRO ÒYÌNBÓ. Maçã.
ÈSO PIA Abacate.
EṢINṢIN Mosca.
ÈṢÙ Exu. Divindade yorubana responsável pelo movimento, transporte, intercâmbio e comunicação. Guardião dos templos. Mensageiro dos orixás. Orixá responsável pelo policiamento da sociedade.
ÈTÈ Lábio.
ETÍ Orelha. Ouvido.
ETÍ AṢỌ Bainha de saia ou calça.
ETÍ ODÒ Barranco. Ribanceira de rio.
ETILÉ Subúrbio. Periferia. Lugar não distante.

ÈTÒ Programa. Plano. Projeto. Processo. Ordem
ÈTÒ ARA ÈNÌYÀN Estrutura do corpo humano.
ÈTÒ ÌNÁWÓ ÌLÚ O mesmo que "ètò ìṣúná".
ÉTÒ ÌṢÚNÁ Orçamento. Economia.
ÈTÙTÙ Oferenda de expiação.
EWÉ Folha(s). Folhagem. Erva(s).
ÈWE Jovem. Juventude. Adolescente.
EWÉ IGI WẸ́WẸ́ Chá.
EWÉ TÁBÀ Tabaco. Fumo. Folha de fumo.
EWÉ TUTÙ Repolho.
EWÉBẸ̀ Vegetal. Erva. Legumes. Verduras.
EWEKO Plantas. Ervas.
EWÌ Poema.
ÈWO Qual, quê?
EWỌ̀ O que é proibido. Tabu.
EWU Perigo. Azar. Risco.
EWÚRẸ́ Cabra.
ÈYÍ Este, esta, esse, essa, isso.
ÈYÍ NÁÀ Este mesmo.
ÈYÍ TÍ Que, qual, o qual, a qual.
ÈYÍ TÍ Ó KỌJÁ Passado.
ÈYÍ TÍ Ó PỌ̀ JÙ Maioria.
ÈYÍ TÍ Ó ṢÍWÁJÚ O mesmo que "tìṣáájú".
ÈYÍKÉYÌÍ Qualquer um.
EYÍN Dente.

Ẹẹ

Ẹ 1. O mesmo que "ọ". 2. Pronome possessivo da segunda pessoa. Seu, sua. 3. Forma alternativa do pronome pessoal "ẹ̀yin". Você, vocês, vós, o senhor, a senhora, os senhores.
Ẹ̀ Combinação de "tirẹ̀". Seu, sua, dele, dela.
Ẹ **KÁÀÁRỌ̀** Bom dia.
Ẹ **KÁÀBỌ̀** Seja bem-vindo.
Ẹ **KÁALẸ́** Boa noite.
Ẹ **KÁÀSÁN** Boa tarde.
Ẹ **KÚ ÀÁRỌ̀** O mesmo que "ẹ káàárọ̀".
Ẹ **KÚ ÁBỌ̀** O mesmo que "ẹ káàbọ̀".
Ẹ **KÚ ALẸ́** O mesmo que "ẹ káalẹ́".
Ẹ **KÚ Ọ̀SÁN** O mesmo que "ẹ káàsán".
Ẹ **LỌ** Vão vocês.
Ẹ **ṢEUN** Obrigado.
Ẹ **WÁ NÍBÍ** Venham aqui.
Ẹ̀BÀ Pirão de mandioca.
Ẹ̀BÁ ÒKUN Litoral. Região costeira.
Ẹ̀BẸ̀ Oração. Prece. Súplica. Petição. Desculpa. Abaixo-assinado. Oferenda.
Ẹ̀BẸ́ Forma imperfeita de pronunciar a palavra "Ẹ̀gbẹ́". Lado. Ao lado de.
Ẹ̀BI O mesmo que "ẹ̀ṣẹ̀".
ẸBÍ Família. Parentes.
Ẹ̀BI-Ẹ̀ṢẸ̀ O mesmo que "ẹ̀ṣẹ̀".
ẸBỌ Oferenda. Sacrifício.
ẸBỌRA. Termo usado para designar alguns orixás ligados aos mitos da criação do mundo. O mesmo que "òrìṣà".
Ẹ̀BÙN Presente. Dádiva. Talento. Brinde. Oferta.
Ẹ̀BÙN ỌLỌ́RUN Talento.
Ẹ̀DÁ Criação. Criatura. Alma. Homem.
ẸDÀ Um tipo de rato da África.

ẸDẸ Cidade nigeriana perto de Osogbo.
ẸDỌ̀-KI Fígado.
ẸDỌ̀FÓRÓ Pulmão.
ẸDUN Uma espécie de primata.
ẸDÙN Dor. Angústia.
ẸDÙN-ÀRÁ Pedra de raio.
ẸFẸ̀ 1. Piada. Brincadeira. **2.** Nome dado ao dançarino principal durante o ritual noturno de Gẹ̀lẹ̀dẹ́.
ẸFỌ́ Verdura. Vegetal comestível.
ẸFỌ́ TẸ̀TẸ̀ Espinafre.
ẸFỌ̀N Búfalo.
ẸFỌN Muriçoca. Mosquito.
ẸFÚÙFÙ Vento. Tempestade. O mesmo que "afẹ́fẹ́".
ẸFÚÙFÙ LÍLE Tempestade.
ẸFÚÙFÙ NLA O mesmo que "ẹ̀fúùfù líle".
ẸFUN Giz branco de origem mineral. Pemba. Cal.
ẸGÀN Zombaria. Vergonha. Crítica. Escárnio.
ẸGẸ́ Mandioca.
ẸGÚSÍ Melão. Semente de melão.
ẸGBA Vara.
ẸGBÀ Bracelete. Pulseira. Paralisia.
ẸGBÁ Subgrupo yorubano que habita a região ao sul do rio Ògún na Nigéria. A cidade capital da nação Ẹgbá é Abẹokuta.
ẸGBÁ-ALAKE Sede do poder do povo ègbá. Aláké é o título do rei supremo da nação ègbá, Aké sendo o nome do bairro de Abẹokuta onde se localiza o palácio. Nome genérico e parte do oríkì de pessoas pertencentes à nação ègbá.
ẸGBADO Subgrupo yorubano encontrado na parte baixa dos ègbá (ègbá + odò), abrange o grupo dos ànàgós.

ẸGBẸ́ Sociedade. Associação. Comunidade, terreiro. Classe. Espécie. Grupo.
ẸGBẸ́ AWO Sociedade secreta. Confraria.
ẸGBẸ́ ẸLẸ́YẸ Sociedade das feiticeiras (Ìyámi).
ẸGBẸ́ OGUN Exército. Legião.
ẸGBẸ́ OLÓGUN Brigada.
Ẹ̀GBẸ̀RÌ O mesmo que "ọ̀gbẹ̀rì".
ẸGBIN Abominação. Desrespeito.
ẸGBỌ́N Irmão ou irmã mais velho(a).
ẸGBỌ́N MI Meu irmão ou minha irmã mais velho(a).
ẸHÌN Costa. Atrás. Dorso.
ẸHÌNKÙNLÉ Quintal.
ẸIYẸ Pássaro. Ave.
ẸIYẸLẸ́ Pombo.
ẸJA Peixe.
ẸJA DÍNDÍN Peixe frito.
ẸJA GBÍGBẸ Peixe seco, inclusive bacalhau.
ẸJA ODÒ Peixe de rio.
ẸJA ÒKUN Peixe do mar.
ẸJẸ́ Compromisso. Promessa.
ẸJẸ̀ Sangue.
ÈJÌKÁ Ombros. Espádua.
ẸJẸ̀-ṢORORO Sangue escorrendo. Sangue fluindo.
ẸKA Galho. Ramo.
ẸKA-IGI Galho de árvore.
ẸKẸ̀ṢẸ́ O mesmo que "ẹ̀ṣẹ́".
ẸKỌ O mesmo que "àkàsà".
ẸKỌ́ Ensino. Aula. Curso. Lição. Classe. Educação.
ẸKỌ́ ILÉ Educação doméstica. Educação informal.
ẸKỌ́ ÌWÀ RERE Moral.
ẸKỌ́ KÍKÀ Leitura programada (livros sagrados etc.).

ẸKỌ́ỌLÉ O mesmo que “Ẹ̀kọ́ ilé”.
Ẹ̀KÙN 1. Leopardo. Tigre. **2.** O mesmo que “àdúgbò”. **3.** Choro.
Ẹ̀KÙN ÌLÚ Região. Distrito.
Ẹ̀LÀ Divindade que acompanha Orunmilá. Orixá branco, equivalente ao messias do cristianismo.
ẸLẸ́BỌ Aquele que transporta as oferendas. Título atribuído a Exu.
ẸLẸ́DÁ O criador. Um dos nomes atribuídos a Olorum. Termo utilizado também para designar o orixá regente do iniciado.
ẸLẸ́DẸ̀ Porco. Suíno.
ẸLẸ́DẸ̀ ẸGÀN Javali.
ẸLẸGBARA Um dos nomes de Exu.
ẸLẸ́GBẸ́ O mesmo que “àbíkú”.
ẸLẸ́JỌ́ Falador. Acusado.
ẸLẸMI Senhor da vida. Nome atribuído a Olorum, o Deus Supremo.
ẸLẸ́MỌ̀ṢỌ́ Guardião e administrador dos assuntos de uma cidade ou comunidade.
ẸLẸ́SẸ́ Pecador. Infrator.
ẸLẸ́SÌN Crente. Religioso. Adepto.
ẸLẸ́TÀN Traidor.
ẸLẸYÀ Ridicularia. Desprezo.
ẸLẸYẸ Possuidora de pássaro. Título dado a Ìyàmi, divindade que preside o culto praticado por feiticeiras.
Ẹ̀MI Vida. Alma. Espírito. Coração.
Ẹ̀MÍ ÌGBẸ́BẸ̀ Espírito de perdão.
ẸMỌ́ Um tipo de rato.
ẸMU Vinho de palmeira. Aguardente de palmeira.
ẸNI Pessoa. Quem. Alguém. Aquele(a).
ẸNÍ Esteira.

ẸNI A BÍ RE Pessoa que nasceu livre. Cavalheiro.
ẸNI BÚBURÚ Pessoa má.
ẸNI JẸ́JẸ́ Pessoa tranquila, doce.
ẸNI PẸ̀LẸ́ O mesmo que "ẹni jẹ́jẹ́".
ẸNI TÍ Quem.
ẸNI TÍ A JỌ LÓJÚ Admirador.
ẸNI TÍ KÌ Í ṢE ÈRÚ Honesto.
ẸNI TÍ KÒ LÈ SỌ̀RỌ̀ TÀBÍ KÒ SỌ̀RỌ̀ O mesmo que "odi".
ẸNI TÍ KÒ NÍ Ẹ̀MÍ O mesmo que "òkú".
ẸNI TÍ KÒ NÍ Ọ̀YÀYÀ Seco. Frígido.
ẸNI TÍ N JÌYÀ ÌPALÁRA Vítima.
ẸNI TÍ N KÀWÉ Aluno. Estudante.
ẸNI TÍ Ó FARAPA Vítima (de um acidente).
ẸNI TÍ Ó NÍ ÌGBÓNÁ ỌKÀN Hipertenso.
ẸNI TÍ Ó NI NKAN O mesmo que "olúwa".
ẸNI'BI Contração de "ẹni" e "ibi". Malfeitor.
ẸNÌKAN Alguém. Pessoa.
ẸNÌKEJI Ajudante. Amigo. Companheiro.
Ẹ̀NYIN Você. Vocês. Vós.
ẸNU Boca. Entrada.
ẸNUGBARIJỌ Boca coletiva (opinião coletiva).
Ẹ̀PÀ Amendoim.
ẸPỌ̀N Testículo.
ẸRAN Carne.
ẸRAN ARA Carne do corpo.
ẸRAN IBÃKA Carne de mula.
ẸRAN MÀLÚÙ Carne de boi.
ẸRAN ẸLẸ́DẸ̀ ONIYỌ Toucinho.
ẸRAN Ọ̀SÌN Gado. Animal de criação.
ẸRANKO Animal selvagem.
ẸRANKO ÌGBẸ́ O mesmo que "ẹranko igbo".

ẸRANKO IGBO Animais da floresta. Animais selvagens.
ẸRANKO OLÓÒRÙN Gambá.
ẸRANLE ABO Cabra.
ẸRANLE AKỌ Bode.
ẸRẸ̀KẸ́ Maçã do rosto.
ẸRÍN Sorriso. Riso. Gargalhada.
ẸRÍN ÀRÍN TÀKÌTÌ Gargalhada.
ẸRINDÍLOGUN Modalidade de jogo do oráculo de Ifá, praticado com 16 búzios. Número 16.
ẸRỌ Torneira. Bica. Motor.
ẸRỌ̀ Calma. Calmante. Antídoto. Propiciação.
ẸRỌ ÌLỌṢỌ Ferro de passar roupa.
ẸRỌ ILỌTA Liquidificador.
ẸRỌ ÌFỌṢỌ Máquina de lavar roupa.
ẸRỌ ÌWẸ ALASẸ́ Chuveiro.
ẸRỌ TÍ A FI N LỌ AṢỌ. Ferro de passar roupa.
ẸRỌ TÍ N MÚ NKAN TUTÙ Geladeira.
ẸRỌ̀FỌ̀ Lama. Lamaçal.
ẸRÙ Bagagem. Carga. Pacote.
ẸRÚ Escravo. Servente. Mensageiro.
ẸRÙ Medo. Pavor. Temor. Susto.
ẸRÙJOJO Grande medo.
ẸRÙJẸJẸ Medo demais.
ẸRÙPIN Carrego, ritual que finaliza uma iniciação.
ẸSẸ̀ Pé. Perna.
ẸSẸ̀ ẸLẸ́DẸ̀ Pernil.
ẸSẸ̀ ẸRANKO Pata de animal.
ẸSÌN Religião. Credo.
ẸSIN Cavalo.
ẸSÙN Acusação.
ẸSÙN NIPA ÒFIN O mesmo que "èsùn". Infração.
ẸṢẸ̀ Vício. Culpa. Ofensa. Crime. Pecado.

ẸṢẸ́ Punho.
ẸṢÍN Lança.
ẸṢIN OKO Zebra.
ẸTÀN Tentação. Engano.
ẸTẸ́ Humilhação. Desgraça. Vergonha.
ẸTẸ̀ Lepra.
ẸTỌ́ Direito. Justiça.
ẸTÙ Galinha-d'angola. Pó. Explosivo.
ẸTÙBỌN Contração de "etù" e "ìbọn". Pólvora.
ẸWÀ Feijão. Feijão cozido.
ẸWÀ Beleza.
ẸWÀ DÚDÚ Feijão-preto.
ẸWÀ FUNFUN Feijão-branco.
ẸWẸ̀ Também. Novamente.
ẸWỌ̀ Interdito. Tabu. O que é proibido ao iniciado e ao orixá.
ẸWỌ̀N Cela. Prisão. Cárcere.
ẸWÙ Vestimenta. Vestido. Roupa. Camisa. Traje.
ẸWÙ ÀWỌ̀LÉKÈ O mesmo que "aṣọ ìlékè".
ẸWÙ ÀWỌ̀LÉKÈ OBÌNRIN Blusa.
ẸWÙ ÀWỌ̀TẸ́LẸ̀ Camisa.
ẸWÙ OBÌNRIN Blusa.
ẸWÙ PÉNPÉ O mesmo que "aṣọ ìlékè".
ẸYÀ O mesmo que "ẹ̀ka".
ẸYA ARA Membros.
ẸYÀ ABO ÒUN AKỌ Sexo.
ẸYẸ Passarinho.
ẸYẸ ÀGÙFỌN Avestruz.
ẸYẸ ÀKÀLÀ Urubu.
ẸYẸ AYÉKÒTÍTỌ́ Papagaio.
ẸYẸ ÌBÁKÀ Canário.
ẸYẸ IGÚN Abutre.
ẸYẸ ÒGÒNGÒ Avestruz.

ẸYIN Ovo.
ẸYIN OJÚ Pupilas.
ẸYIN ADÌẸ Ovo de galinha.
ẸYIN ÀPÁRÒ Ovo de codorna.
Ẹ̀YIN INÁ Brasa.

Ff

F'ARÁ Contração de "fún" e "ará". Para pessoas.

F'ARA WÉ Imitar. Copiar.

F'ARAIYÉ 1. Contração de "fà" e "araiyé". Atrair o ser humano. **2.** Contração de "fẹ́" e "araìyé". Querer bem às pessoas. Contração de "fún" e "araiyé". Dar para pessoas.

F'ÁWA Contração de "fún" e "àwa". Para nós.

F'AYÉ SÍLẸ̀ Contração de "fi-sílẹ̀" e "ayé". Eufemismo para dizer que alguém morreu. Deixar o mundo.

F'ÁYỌ̀ Contração de "fún" e "ayọ̀". Por alegria.

F'Ẹ́NI Contração de "fún" e "ẹni". Para pessoa.

F'ẸSẸ̀MÚLẸ̀ Criar a raiz. Tornar-se bem-sucedido.

F'EWÉ Contração de "fi" e "ewé". Usar folha.

F'IDẸ́ Contração de "fi" e "idẹ́". Usar bracelete de cobre.

F'ÌKÁ SÍLẸ̀ Contração de "fi-sílẹ̀" e "ìká". Deixar de maldade.

F'ILA Contração de "fi" e "ila". Usar o quiabo.

F'OJÚ FÒ DÁ Perdoar ou esquecer uma ofensa.

F'ỌKÀN SÍ Esperar. Ficar atento para algo.

F'ỌKÙNRIN Contração de "fún" e "ọkùnrin". Para o homem.

F'ỌMỌ Contração de "fún" e "ọmọ". Dar para filhos.

F'ỌTA Contração de "fi" e "ọta". Utilizar a pedra.

F'ỌWỌ́PA LÁRA Embalar. Fazer carinho a alguém.

F'ỌWỌ́ TẸ̀ Palpar.

FÁ Limpar. Desobstruir. Raspar.

FÀ Puxar. Atrair. Arrastar. Tirar.

FÀ Á Puxe-o(a).

FA ÍLÀ SÍ ABẸ́ Sublinhar.

FÀ JÁDE Tirar. Extrair.

FÀ GÙN Prolongar. Alongar. Estender.
FÀ MU Absolver. Enxugar.
FÀ PẸ́ Delongar. Prolongar.
FÀ SẸ́HÌN Abster-se. Adiar. Atrasar. Tardar.
FÀ SO Amarrar. Pear.
FÀ WÁ Trazer. Atrair.
FÀ YA Rasgar.
FÀÁJÌ Passatempo. Prazer. Ócio.
FA'RÍ Raspar a cabeça.
FÀDÁKÀ Prata.
FÁGIFÁGI Carpinteiro.
FÀÁGÙN Estender. Prolongar.
FAIYA Agradar. Fascinar. Cativar. Encantar. Persuadir. Convencer. Atrair. Seduzir.
FAJÚRO O mesmo que "banújẹ́".
FÁLAFÀLA Abundantemente.
FALẸ̀ Devagar. Demorar. Descuidar.
FÀMỌ́ Abraçar afetuosamente.
FÀMỌ́RA O mesmo que "fàmọ́".
FÁMU Absorver.
FARA Contração de "fi" e "ara". Usar o corpo.
FARA MỌ́ Apegar. Também contração de "fi ara mọ́". Aceitar. Resignar-se.
FARABALẸ̀ Acalmar-se
FARADÀ Aguentar.
FARAHÀN Comparecer. Surgir.
FARASIN Escuro. Escondido.
FÀYA Rasgar.
FÈRÈ Balão. Flauta. Corneta. Trompete.
FÈRÈSÉ Janela.
FÈSÌ Responder.
FẸ́ 1. Amar. Gostar. Querer. Desejar. Precisar. Necessitar. Pretender. **2.** Abanar. Soprar. Ventar.

FẸ́ AFẸ́FẸ́ Assoprar.
FẸ́ ÌYÀWÓ O mesmo que "ṣe ìgbéyàwó". (Expressão usada para homem.)
FẸ́ JÙLỌ Preferir. Amar acima de tudo.
FẸ́ ỌKỌ O mesmo que "ṣe ìgbéyàwó". (Expressão usada para mulher.)
FẸ́ SỌ́NÀ Ficar noivo(a) de alguém.
FẸ́KÙ Perder.
FẸ́LẸ́FẸ́LẸ́ Magro.
FẸNUKÒLẸ́NU Beijar.
FẸ́RÀN Desejar. Gostar de. Amar. Querer.
FẸ́RẸ̀ 1. Leve. **2.** Quase.
FI Para. Com.
FÌ Girar. Rodopiar. Balançar. Oscilar.
FI ABẸ̀BẸ̀ FẸ̀ Abanar.
FI AGBÁRA BÉÈRẸ̀ Exigir. Reivindicar.
FI AGBÁRA GBÀ Pegar com força.
FI AGBÁRA MÚ ṢE Obrigar alguém a fazer algo.
FI ÀMÌ SÍ Marcar. Acentuar.
FI APA GBÀ MỌRA Abraçar.
FI ARA HÀN Aparecer.
FI ARA KỌ́RA Ligar.
FI ARA MỌ́ Aderir. Aceitar.
FI ARA TÍ Encostar-se em alguém, alguma coisa. Avizinhar.
FI ÀṢẸ FÚN Autorizar. Habilitar. Ordenar. Qualificar.
FI ÀṢẸ SÍ Aprovar.
FI AṢỌ BO ARA Agasalhar-se.
FI ÀYÈ GBÀ Permitir, tolerar.
FI ÀYÈ SÍLẸ̀ Deixar acontecer.
FI BÒ Encobrir.
FI BÚ LÁTI SỌ ÒTÍTÓ O mesmo que "búra". Jurar. Fazer juramento solene (no tribunal).

FI BÙN O mesmo que "fún". Presentear. Doar.
FI DANDAN LÉ O mesmo que "fi agbára béèrè". Insistir. Teimar. Reivindicar.
FI DÌ Usar algo para embrulhar.
FI DÍPÒ Usar algo para repor ou substituir outra coisa.
FI ÈÉRÍ YÍ Poluir. Sujar.
FI EGBÒÒGI FÚN Tratar. Dar medicamentos, remédios a alguém.
FI EHÍN GÉ Cortar com os dentes.
FI ÈPÈ BÚRA O mesmo que "búra".
FI ETÍ GBỌ́ Ouvir. Ficar sabendo.
FI ETÍ SÍLẸ̀ Escutar. Prestar atenção.
FI ÈTÒ SÍ Ordenar. Planejar.
FI Ẹ̀GBIN BÀ Sujar. Caluniar.
FI ẸNU FÀ MU Chupar. Sugar.
FI ẸNU KO L'Ẹ́NU Beijar.
FI ẸNU KÒ LẸ́NU Beijar.
FI ẸSẸ̀ MÚLẸ̀ Firmar. Tornar-se bem-sucedido. Prosperar.
FI ẸSẸ̀ RÌN Andar.
FI ẸSẸ̀ TẸ̀ MỌ́LẸ̀ Pisar. Esmagar.
FI FALẸ̀ Atrasar. Demorar. Descuidar.
FI FÚN O mesmo que "fifún".
FI FÚNNI Suprir. Doar. Presentear.
FI GBÀ Usar algo para obter outra coisa.
FI GBÓNÁ Aquecer. Esquentar.
FI ÌDÍ KALẸ̀ O mesmo que "jókòó".
FI ÌGÚNPÁ GBÚN Cutucar.
FI INÚ ṢỌ̀KAN Unir. Fazer algo do mesmo acordo.
FI IPÁ GBÀ Usurpar.
FI IPÒ SÍLẸ̀ Abdicar.
FI IṢẸ́ FÚN Empregar.
FI ÌWÉ PÈ Convidar.

FI ÌWỌSÍ LỌ̀ Tratar com desprezo.
FI ÌYÀ JẸ ẸNI Castigar. Vitimar.
FI JÍNKÍ Conceder.
FI KALẸ̀ Desistir. Abandonar.
FI KỌ́ Pendurar.
FI KÚN O mesmo que "fi sí".
FI LÉ Pôr. Colocar.
FI LÉ LỌ́WỌ́ Entregar. Confiar algo a alguém.
FI LÉLẸ̀ Instalar. Instruir.
FI LỌ̀ Oferecer.
FI LỌNÁ O mesmo que "fi gbóná".
FI MỌ́ Ligar. Apresentar uma pessoa a outra.
FI 'NI MỌ'NI O mesmo que "fi mọ́".
FI NKAN LÙ O mesmo que "lú".
FI OJÚ FÒ DÁ Perdoar.
FI OJÚ PARẸ́ Não considerar. Desconsiderar. Negligenciar. Não fazer caso de.
FI OJÚ S'ỌNÀ FÚN O mesmo que "dúró dè".
FI ÒÒTẸ̀ TẸ̀ Carimbar. Marcar. Autorizar.
FI ÒÓRÙN DÍDÙN KÚN Perfumar.
FI OÒRÙN JÓ Curtir. Secar no sol.
FI ÒPIN SÍ Decidir. Terminar.
FI ÒRÓRÓ PA Ungir.
FI ÒRÓRÓ YÀN O mesmo que "fi òróró pa".
FI ORÚKỌ SÍLẸ̀ Inscrever-se. Registrar.
FI ÒṢÙWỌ̀N WỌ̀N Pesar.
FI ỌDÀ TÀBÍ TÌRÓÒ KÙN Pintar.
FI ỌKÀN TÁN Acreditar. Confiar em alguém.
FI ỌNÀ HÀN Ensinar. Tutelar.
FI ỌNÀ ṢE NKAN Fabricar artesanalmente.
FI ỌRÁ PA Ungir com óleo ou graxa. Engraxar.
FI ỌRỌ̀ ṢE ÀPẸRẸ Descrever. Ilustrar.
FI ỌWỌ́ GBÁ MÚ Apanhar.

FI ỌWỌ́ PA LÁRA Acariciar.
FI ỌWỌ́ SÍ Assinar. Aprovar.
FI PAMỌ́ Esconder. Velar.
FI PÈ Respeitar.
FI PẸ̀LÚ Conter. Abranger. Juntar.
FI RÁNṢẸ́ Mandar. Enviar.
FI RẸ́RÌN ÍN Mofar. Zombar.
FI SÁBẸ́ ÒFIN Regular. Regulamentar.
FI SÁRÉ Acelerar.
FI SẸ ÀPẸRẸ Usar algo como exemplo. Ilustrar.
FI SÍ Acrescentar. Adicionar. Botar. Colocar. Pôr.
FI SÍ ÈTÒ Arranjar. Arrumar. Consertar.
FI SÍLẸ̀ O mesmo que "kọ̀sílẹ̀".
FI SIN Velar.
FI SÍNÚ ỌKỌ́ Embarcar.
FI SÍPÒ Instalar. Coroar. Nomear.
FI SÍPÒ OYÈ O mesmo que "fi sípò".
FI SÓRÍ OYÈ O mesmo que "fi sípò oyè".
FI ṢÁÁJÚ Colocar em primeiro lugar. Adiantar.
FI ṢE ẸLẸ́YÀ O mesmo que "fi rẹ́rìn ín".
FI ṢẸ̀SÍN Zombar.
FI ṢỌ̀KÒ Lançar.
FI ṢỌMỌ Adotar.
FI W'EWU Comprometer.
FI WÉ Comparar.
FI WÉRA O mesmo que "fi wé".
FI WỌ̀ Hospedar. Alojar.
FÍFÀ ỌKÀN SÍ ILÉ ẸNI Saudade. Porém a expressão mais correta para "ter saudade" será "ṣe àárò ilé" ou "àárò + nome da pessoa + nsọ mi" = estou com saudades de (nome da pessoa).
(FÍ)FẸ́ TỌKÀN TỌKÀN Amar de todo o coração.
(FÍ)FẸ́SỌ́NÀ Ficar noivo(a) de alguém.

FIFÚN Atribuir. Comunicar. Conceder. Contribuir. Destinar. Oferecer. Prestar. Repartir. Doar. Dar.
(FÍ)FÚN NÍ IBÙGBÉ Hospedar. Acomodar. Alojar.
FIHÀN Mostrar. Apresentar. Demonstrar.
FIJÌ Perdoar. Absolver.
FIKÚN Afiliar. Adicionar. Incrementar.
FÌLÀ Chapéu. Gorro.
FÌLÀ L'OBÌNRIN Expressão idiomática cuja tradução seria "a mulher é como um chapéu, só pode usá-lo quem possuir a cabeça do tamanho certo".
FÍN Fumar (tabaco). Enfeitar (cabaças).
FINÁ SÍ Acender.
FINIHÀN Trair. Entregar.
FINÚṢỌ̀KAN Acordar. Concordar. Combinar.
FIRÍ À distância. Indistintamente.
FÌTÍLÀ Lâmpada.
FÌTÍLÀ ÀFỌWỌ́KỌ́ Lampião.
FIYÉ Explicar. Ensinar.
FIYÈSÍ Atender. Atentar. Estudar.
FÒ Saltar. Voar.
FÒ LO O mesmo que "fò".
FÓ LÓJÚ OMI Planar sobre água.
FÒ SÓKÈ Pular. Saltar. O mesmo que "fò".
FOHÙNṢỌ̀KAN O mesmo que "finúṣọ̀kan".
FOJÚSÍ Assistir. Atender. Acompanhar.
FORÍJÌ Perdoar.
FORÍTÌ Persistir.
FÒYÀ Ficar com medo. Ter receios. O mesmo que "bẹ̀rù".
FỌ́ Explodir. Quebrar.
FỌ̀ Lavar.
FỌ̀ MỌ́ Limpar. Lavar.
FỌ̀ Ọ́ Lave-o(a).

FỌ̀ TÚÚTÚÚ Demolir.
FỌHÙN Falar.
FỌ́JÚ Ficar cego(a).
FỌKÀN SÍ Atentar para algo.
FỌKÀNRÁN O mesmo que "fọkàn sí".
FỌKÀNSÍBÌKAN Concentrar.
FỌN Perder peso. Soprar (inst. musical).
FỌ̀NÀHÀN Guiar. Conduzir.
FỌ̀ṢỌ Lavar roupa.
FỌWỌ́ Lavar as mãos.
FỌWỌ́ SÍ Assinar. Concordar. Aceitar.
FỌWỌ́ SỌ ÀYÀ Dizer algo com orgulho.
FỌWỌ́BÀ Tocar.
FỌWỌ́KÀN Sentir. Tocar.
FUN Soprar.
FÚN Dar. Entregar. Para. Por.
FÚN KÁÀKIRI Transmitir. Espalhar.
FÚN LÁGBÁRA Qualificar. Autorizar. Reforçar.
FUN LÁYÈ Permitir. Tolerar.
FÚN MI Dê-me.
FÚN NI ÀṢẸ Autorizar. Permitir.
FÚN NI ÀYÈ Conceder.
FUN NÍ IBÙGBÉ Alojar. Hospedar alguém.
FUNFUN Branco.
FÚNKÁ Dispersar. Espalhar.
FUNKÍ Abafar.
FURA SÍ Desconfiar.
FÚYẸ́ Leve.

Gg

G'ORÍ Contração de "gùn" e "ọrí". Montar sobre. Subir em cima de. Ascender. *exp.* G'ori oyè. Ascender ao trono.

G'ỌLA Contração de "gùn" e "ọlá". Montar sobre a riqueza.

GA O mesmo que "gíga".

GA JÙLỌ Acima. Superior. (Comparativo) Mais alto que. Ex.: Tolú ga ju Túndé lọ = Tolú é mais alto que Túndé. (Superlativo) O mais alto. Ex.: Tolú ni ó ga jùlọ = Tolú é o mais alto de todos.

GÀÀRÀGÀ Direto. Diretamente.

GÁFÁRÀ Desculpa. Permissão.

GÀN Criticar. Ridicularizar. Zombar.

GÁN Tomar. Apanhar. Cortar (folhas) com faca.

GAN AN Próprio. Exatamente. Especificamente. Precisamente.

GANGAN Mesmo.

GARAWA Balde.

GÀRÍ Farinha de mandioca.

GB'AGADA Contração de "gbá" e "agada" ou "gbé" e "agada". Receber ou carregar espada.

GB'ÁISÀN Curar a doença. Afastar a doença.

GB'ẸKỌ Contração de "gbé" e "ẹ̀kọ" ou "gbà" e "ẹ̀kọ". Carregar ou aceitar pudim de milho.

GB'ODE Tomar conta de rua. Ocupar a rua ou praça.

GB'ORIN Contração de "gbọ́" e "orin" ou "gbà" e "orin". Aceitar ou ouvir cântico.

GB'ỌRẸ Aceitar oferenda. Receber sacrifício.

GBÁ **1.** Limpar. **2.** Jogar (bola).

GBÀ Aceitar. Admitir. Receber. Concordar. Adotar. Salvar. Pegar. Tomar. Tirar. Receber. Hospedar. Conseguir. Conceder. Comportar. Com. Acolher. Acertar. Assumir.

GBÀ ÀWÌN Comprar “fiado”. Comprar a prazo.
GBA ẸMÍ ARA ẸNI Suicidar-se.
GBÀ FÚN Deixar. Permitir. Concordar.
GBÁ ILẸ̀ Limpar o chão. Limpar a casa.
GBÁ JỌ Reunir. Juntar.
GBÀ LÀ Salvar. Redimir.
GBÀ LÁÌJIYÀN Conceder. Aceitar sem argumentos.
GBÀ LÁÌTỌ́SÍ Usurpar.
GBÀ LÁYÀ Influir.
GBÀ LÁYÈ Permitir. Tolerar.
GBÀ LẸ́LẸ́ O mesmo que “gbà là”.
GBÁ MÚ Prender. Agarrar. Apreender. Pegar.
GBÀ NÍ ÀYÉ O mesmo que “gbà làyé”.
GBÀ NÍ ẸMÍ Matar. Assassinar.
GBÀ NÍ ỌKÀN Cativar.
GBÀ NÍYÀNJÚ Consolar. Animar. Aconselhar.
GBA ÒMÌNIRA Ganhar sua liberdade. Independência. Alforria.
GBA Ọ̀YÀ NKAN Ficar responsável por um projeto.
GBÀ RÒ Considerar.
GBÀ SÍ IṢẸ́ Empregar.
GBÀ SÍLÉ Abrigar. Admitir. Acolher.
GBÀ SÍNÚ Conter. Caber. Abranger.
GBÁDÙN Desfrutar. Gozar.
GBÀDÚRÀ Rogar. Orar.
GBAFẸ́FẸ́ Passear.
GBÀGBÉ Esquecer.
GBÀGBỌ́ Acreditar. Crer. Opinar. Ter fé.
GBÁGÙDA Mandioca.
GBAIYA Tomar coragem.
GBÀLÀ Salvar.
GBÁLẸ̀ Varrer o chão.
GBÀMỌ́RA Aceitar. Acolher. Receber. Abraçar.

GBÀRÀ Imediatamente. Logo.
GBÁRA Contração de "gbé ara". Levantar-se. Elevar o corpo.
GBARADÌ Preparar-se. Estar pronto.
GBARADÌ LÁTI ṢE NKAN Habilitar. Estar preparado para realizar uma ação.
GBÁRAJỌ Agrupar. Reunir-se.
GBÁRALÉ Depender. Confiar cegamente em alguém ou alguma coisa.
GBÀWẸ̀ Fazer jejum. Jejuar.
GBÉ 1. Carregar. Levantar. Levar. Trazer. Tomar. Perder-se. **2.** Morar. Habitar. Viver em. Residir. Conviver. Ocupar.
GBÈ Fazer coro (cantando). Responder. Apoiar. Sustentar.
GBÉ DE Acabar de trazer. Carregar e trazer.
GBÉ DÚRÓ Sustentar. Levantar.
GBÉ GA O mesmo que "gbéga".
GBÉ KALẸ̀ O mesmo que "gbékalẹ̀".
GBÈ LẸ́SẸ̀ Sentar alguém no colo.
GBÉ MI O mesmo que "gbémi".
GBE ORIN Fazer coro a uma cantiga.
GBÉ PỌ̀ Conviver. Duas pessoas que moram juntas como homem e mulher sem serem casadas.
GBÉ SÓKÈ Erguer. Elevar.
GBÉ WÁ Trazer.
GBÉGA Exaltar. Erguer.
GBÉKALẸ̀ Pôr. Colocar. Instituir.
GBÉLÉ ORÍ ÌWỌ̀N Pesar.
GBÉLÉKÈ O mesmo que "gbéga".
GBÉMI Ingerir. Engolir.
GBÉRA KÁN Levantar-se bruscamente.

GBÉREGBÈRE Vão.
GBÉRÍ 1. Saia ritual usada por caçadores yorubanos. **2.** Levantar a cabeça.
GBÈRÒ Pretender. Medir. Imaginar.
GBÈRÚ Desenvolver. Nascer.
GBÉYẸ̀WÒ Pesar. Considerar.
GBẸ Ficar seco(a). Ex.: Odò náà ti gbẹ (o rio secou).
GBẸ́ Afiar. Esculpir. Cavar.
GBẸ́ ṢOṢORO Afiar.
GBẸ́'LẸ̀ Cavar o chão. Cavar buraco.
GBẸ̀GÌRÌ Iguaria que se oferece a Xangô, feita com quiabo, feijão-fradinho, camarão seco, cebola ralada e azeite. Sopa de feijão.
GBẸ̀HÌN. Ficar por último. Suceder a alguém ou alguma coisa.
GBẸ́KẸ̀LÉ Acreditar. Depender. Confiar em alguém ou alguma coisa.
GBẸ́NULÉ Tocar. Subir.
GBẸ́RẸ́ O mesmo que "gbẹ́rẹ́n".
GBẸREẸFU Seco.
GBẸ́RẸ́N Pequenas marcas ou cortes rituais feitas na pele do corpo e tratadas com mistura de pó misterioso com poderes místicos.
GBẸ̀RỌ̀ Aceitar a calma. Colocar o bálsamo.
GBẸ́RÙ Levantar a carga ou carrego.
GBẸ̀SAN Vingar-se de alguém.
GBẸ̀TÙ Pegue a pólvora.
GBÍGBÀ Ato de receber. Aceitar.
GBÍGBA Ẹ̀MÍ ARA ẸNI Cometer suicídio.
GBÍGBỌN Ato de ficar tremendo. Apavorado.
GBÍGBÓNÁ Estado de quentura. Estar com febre.
GBÍGBÒÒRÒ Largura.

GBILẸ̀ Aumentar. Espalhar-se.
GBÌMỌ̀RÀN Considerar.
GBINA Explodir.
GBÌRÒ Meditar. O mesmo que "gbẹ̀rọ̀".
GBÌYÀNJÚ Tentar. Esforçar-se.
GBÓ Envelhecer. Ficar velho(a). Ficar madura (frutas e produtos agrícolas).
GBÓDÓ Contração de "gbé odó". Carregar o pilão.
GBOGBO Todos(as). Tudo. Todos juntos. Inteiro.
GBOGBO RẸ̀ A totalidade de alguma coisa.
GBOHÙNGBOHÙN Eco. Amplificador. Microfone.
GBÓJÚ Valente. Corajoso.
GBÓJÚFÒ Esquecer.
GBÓJÚLÉ Contar com. Depender. Esperar algo de. Depositar confiança em. Acreditar.
GBÓLÓHÙN KAN Uma palavra.
GBÓLÓHÙN Ọ̀RỌ̀ KAN Oração gramatical.
GBÓNÁ Quente.
GBÒNGBÒ Raiz de planta.
GBÒÒRÒ Aberto. Amplo. Vasto.
GBÓRÍN Forte. Experimentado. Veterano. O mesmo que "nlá".
GBÒRÒRÒ Claramente. Nitidamente.
GBỌ́ Ouvir. Escutar. Compreender. Aceitar uma proposta.
GBỌ́ ÒÓRÙN Cheirar.
GBỌDỌ̀ Atrever-se a fazer algo. Ex.: O kò gbọdọ̀ purọ́ (Não se atreva a mentir. Não minta. Não deve mentir).
GBỌ̀N Tremer. Sacudir. Balançar. Abalar.
GBỌ̀N KÚRÓ Cutucar. Tocar.

GBỌ̀N NÍTORÍ ÒTÚTÚ Estar arrepiado devido ao frio.
GBỌỌRỌ Termo utilizado para designar o orixá masculino.
GBỌ́RÀN Obedecer.
GBỌ́RỌ̀ Ser obediente. Ouvir ou escutar algo.
GBỌWỌ́ Afiançar. Servir de fiador a alguém.
GBURURU Dispersivamente.
GÉ Cortar.
GÉ JẸ Picar. Morder.
GÉ SI WẸ́WẸ́ Cortar em pedaços.
GÈLÈ Tira de pano usada como adorno feminino amarrada à cabeça, conhecida na Bahia como "turbante" ou "torso" de baiana.
GEREGE Suavemente. Na medida certa. Na medida exata.
GẸGẸBI Como. De acordo com. Pois.
GÍGA Alto.
GÍGÉJẸ Picada. Mordida.
GÌGÌRÍSẸ̀ O mesmo que "gìgísẹ̀".
GÌGÍSẸ̀ Calcanhar.
GÍRIGIRI Repentinamente. Imediatamente. Firmemente.
GÓBA Goiaba.
GÒKÈ Subir. Ascender. Crescer. Progredir.
GỌ Esconder-se.
GỌ̀ Derivado de "ẹ̀gọ̀". Pessoa boba. Estúpida. Ingênua.
GỌ Contração de "ọ̀gọ". Bastão ritual de Exu.
GÙN Subir. Montar. Alto. Longo. Comprido. Demorado.
GÚN Socar ou triturar. Contusão. Dar pancadas. Pilar. Pisar. Socar. Triturar. Bater. Esmurrar.

GUGURU Pipoca.
GUN'GI Contração de "gùn" e "igi". Subir na árvore.
GÙNKÈ Contração de "gùn" e "òkè". Subir montanha. Subir escada.
GÚNLẸ̀ Desembarcar. Chegar de uma viagem.
GÚNNUGÚN Urubu.
GÚSÙ Sul.

Hh

HÁ Trancar (uma porta). Estreito.
HÁN Apanhar. Tomar.
HÀN Mostrar. Aparecer. Comparecer.
HÁYÀ Alugar.
HẸN Forma coloquial de dizer "sim".
HÍHÁ Estreiteza.
HÍHÙ O ato de crescer.
HÓ O ato de descascar. Pelar.
HÓ YÈ Fazer grande barulho para demonstrar felicidade. Jubilação.
HÙ Desenvolver. Crescer. Vingar.
HU ÌWÀ Proceder. Agir. Comportar-se.
HÙ JÁDE O ato de nascer. Surgir. Crescer.
HU OLÚ Mofar.
HÙWÀ Comportar-se.
HÙWÀ ÌBÀJẸ́ Comportar-se mal. Fazer má-criação ou maldade.
HÙWÀ SI Tratar alguém de uma maneira ou outra.
HÙWÀ TÍ Ó BÁ OJÚ MU Comportar-se de maneira correta.

ÌBÀ Bênção. Reverência. Respeito. Saudação.
ÌBÁDÁNA Afinidade.
ÌBÀDÍ Nádega, traseiro. Bunda.
ÌBÁDÙ Rivalidade. Concorrência.
ÌBÁGBÉ O mesmo que conviver com alguém. O mesmo que "ìgbépọ̀".
ÌBÁÁKÀ Nome de uma ave que fala muito.
ÌBAKA Camelo.
ÌBÁKẸ́DÙN O ato de comiserar. Compadecer-se. Apiedar-se. Solidarizar-se. Ter compaixão de alguém que sofreu uma perda ou acidente etc.
ÌBÁKẸ́GBẸ́ O ato de associar-se a alguém.
ÌBÁMU Acomodação. Cabimento.
ÌBÁNIDÙ O ato de rivalizar alguém, fazer concorrência a alguém. O mesmo que "ìdíje".
ÌBÁNIKẸ́DÙN O mesmo que "Ìbákẹ́dùn".
ÌBÀNÚJẸ́ Tristeza. Azar.
ÌBÁRẸ́ Harmonia. Concerto. Amizade.
ÌBÁWÍ O ato de corrigir alguém. Dar advertência. Lição. Sermão.
IBÉÈRÈ Pergunta. Pesquisa. O mesmo que "ẹ̀bẹ̀".
ÌBEJÌ Gêmeos.
IBẸ̀ Lá. Ali. Aí.
ÌBẸ́PẸ Mamão.
ÌBẸ̀RẸ̀ Origem. Início. Primórdio.
ÌBẸ̀RẸ̀ NKAN Estreia. O início de um projeto, ação ou atividade.
ÌBẸ̀RÙ Temor. Pavor. Receio.
ÌBẸ̀RÙBOJO O mesmo que "ìbẹ̀rù".
IBẸ́TA Trigêmeos.
ÌBẸ̀WÒ Visita. Vistoria. Inspeção.
IBẸ̀YẸN Ali, lá. Aí mesmo. O mesmo que "Ibẹ̀".
IBI O mal. O contrário de "ire".

IBÍ Aqui. Neste lugar.
IBI Lugar. Ibi + verbo = ideia adverbial de tempo. Ex.: Ibi tí ó gbé nmuti ni aya rẹ̀ ti de (a mulher dele chegou enquanto ele estava bebendo).
IBI ÌDÁJỌ́ Tribunal.
IBI ÌDÁNÁ Cozinha. O mesmo que "ilé ìdáná".
IBI ÌDÚRÓ Lugar de repouso. Lugar transitório.
IBI ÌFỌṢỌ Lavanderia.
IBÍ ÌSÁDI Toca. Refúgio. Abrigo.
IBI IṢẸ́ Escritório. Oficina. Local de trabalho.
IBI ÌṢIRÉ Local de distração, esporte ou diversão. Ex.: (estádio) pápá ìṣiré.
IBI PÀTÀKÌ Lugar de referência.
ÌBÌLÙ OMI Onda.
ÌBÍSI Aumento.
ÌBÌṢUBÚ Derrota.
ÌBÒ Voto. Eleição.
IBO Onde?
IBODÈ Alfândega. Fronteira.
IBOJÌ Túmulo. Sepulcro.
ÌBÒJÚ Pano usado para cobrir o rosto.
ÌBÓJÚTÓ O mesmo que "ìṣàkóso".
ÌBOJÚWÒ Revista.
ÌBORA Abrigo. Cobertura.
ÌBORÍ Vitória. Véu.
ÌBORÙN Pano usado pelas mulheres para cobrir as costas e o pescoço.
ÌBỌ Adoração. Culto.
ÌBỌN Arma. Arma de fogo.
ÌBỌ̀SẸ̀ Meias.
ÍBỌ̀WÁ Advento. Chegada. Regresso.
ÌBỌ̀WỌ́ Luva.
IBÚ Águas profundas de um rio.

ÌBÚ Posição horizontal. Largura.
IBÚ ODÒ Águas profundas de um rio. *Fig.* Abismo.
ÌBU ỌLÁ FÚN O mesmo que “ìjúbà”.
IBÙDÓ Acampamento. Sítio.
IBÙGBÉ Endereço. Moradia. Morada.
ÌBÙJẸ Ato de morder. Dar o bote. Mordida. Dentada. Picada.
IBÙJÓKÒÓ O mesmo que “ìjókòó”.
IBÙKÚ Denegrir. Reduzir. Desvalorizar.
ÌBUPÁ Vacina.
ÌBÚRA Adjuração. Juramento. Pacto de sangue.
IBÙSỌ Local de descanso. Estação. Etapa.
IBÙSÙN Cama. Leito.
IBÙSÙN ỌMỌDÉ Berço.
ÌBÙṢÁN Ato ou efeito de picar. Dar o bote. Picada.
ÌDÀ Espada.
ÍDÁ Criação. Formação. Estabelecimento. O mesmo que “ẹdá”.
IDÀ ÒRÌṢÀ Espada de orixá.
ÌDÁGAARA Nitidez.
ÌDÁGBÉ Solidão.
IDAGIRÍ Alarme. Confusão. Perigo.
ÌDÁHÙN Resposta.
ÌDÁJÍ Madrugada. Alvorada.
ÌDAJÌ ỌJỌ́ Meio-dia.
ÌDÁJỌ Julgamento. Justiça.
ÌDÁKẸ́JẸ́ O mesmo que “ìparọ́rọ́”.
IDALAMÚ Agitação. Perturbação.
ÌDÀLẸ̀ Ato de trair. Traição.
ÌDÁLẸ̀ Referente ao exterior. Estrangeiro.
ÌDÁLÓRÓ Ato de torturar. Tormentar.
ÌDÁMÉJÌ Meio. Metade.

ÌDÁNÁ **1.** Ato de cozinhar. **2.** Forno.
ÌDÁNÌKANWÀ Ato de morar na solidão. Vida solitária.
ÌDÁNILẸ́KỌ̀Ọ́ Aula. Conferência. Palestra.
ÌDÁNILÓJÚ Certeza.
ÌDÁNWÒ Tentação. Teste. Prova.
ÌDÁNWÒ ÌWÁDÌÍ Exame.
ÌDÀPỌ̀ Comunhão.
ÌDÁRAYÁ Distração. Passatempo. Esporte.
ÌDÁRÍJÌ Perdão.
ÌDÁRÒ Luto. Saudade.
ÌDÁSÍLẸ̀ **1.** Liberdade. **2.** Ato de fundar ou criar alguma coisa, associação, empresa etc.
ÌDÁWÓ Contribuição.
IDÉ NLA Lagosta.
IDÉNÀ Ato de evitar, criar obstáculo, prevenir.
ÌDÉRÍ Tampa.
IDẸ **1.** Latão. Metal. **2.** Objeto ou ornamento de latão. Bracelete. Pulseira.
ÌDÍ Finalidade. Razão. Sentido. Traseiro.
ÌDI Pacote. Embrulho.
ÍDI Águia.
ÌDÌBÒ Votação.
ÌDÍJE Competição. Concurso. Rivalidade.
ÌDÍLÉ Clã. Família.
ÌDÍNÀ Barreira.
ÌDÌPỌ̀ Classe. Grupo.
ÌDÍWỌ́ Contratempo.
ÌDODO Umbigo.
ÌDUN Percevejo. Pulga.
IDÙNMỌ́ Aceitação. Agrado. Interesse.
ÌDÚRÓ NÍPÒ Ẹ̀LÒMÍRÀN Ato de substituir outra pessoa. Personificação.

IFÁ Oráculo praticado por sacerdotes yorubanos cujo patrono é Orunmilá. Compêndio do saber yorubano contendo ensinamentos e textos sobre música, literatura, história, religião, mitologia, ecologia, ciência, filosofia, arte etc.

ÌFAJÚRO O mesmo que "ìbànújẹ́".

ÌFAMỌ́RA Ato de abraçar. Atrair.

ÌFARAKANRA Ato de manter/ter contato. Convivência.

ÌFARAMỌ́ Aderência. Aceitação. Ato de concordar. Assento.

ÌFÀSẸ́HÌN Ato de hesitar. Duvidar. Retrair-se. Retroceder.

ÌFÀYÀBALẸ̀ O mesmo que "àlàáfíà".

IFE Taça. Xícara. Copo. Caneca.

ÌFẸ́ Amor. Afeto. Carinho. Desejo. Paixão. Vontade.

IFẸ̀ Cidade da Nigéria. O nome completo é "Ilé-Ifẹ̀". É considerada o berço da nação e civilização yorubanas e, na mitologia yorubana, é tida como a origem do mundo, pois foi ali que Odùduwà criou a terra firme. É a Roma da religião dos orixás.

ÌFẸ́ GBÍGBÓNÁ Paixão.

ÌFẸ́ INÚ Vontade própria. Cabeça-dura.

ÌFẸ́ ỌKÀN Amor próprio. O mesmo que "ìfẹ́ inú".

ÌFẸ́NI Caridade. Amor ao próximo.

ÌFẸNUKONU Beijo.

ÌFẸ́RÀN Ato de gostar de alguém ou de alguma coisa.

ÌFI AGBÁRA BÉÈRÈ Ato de exigir. Reivindicar.

ÌFI AGBÁRA ṢE Ato de fazer algo com força. Violência.

ÌFI DANDAN LÉ Ato de exigir. Reivindicar. Obrigar alguém a fazer algo.
ÌFI ÒRÓRÓ YÀN Unção.
ÌFI Ọ̀RÀN SÙN Ato de acusar. Fazer acusação. Denunciar. O mesmo que "ẹ̀sùn".
ÌFI Ṣ'Ẹ̀LẸ́YÀ Zombaria.
ÌFI Ṣ'Ẹ̀SÍN O mesmo que "Ìfi ṣ'ẹlẹ́yà".
ÌFIBÚ LÁTI SỌ ÒTÍTÓ O mesmo que "ìbúra".
ÌFIFÚN Ato de doar. Entregar.
ÌFIKÚN Ato de acrescentar. Aumentar.
ÌFINIHÀN Ato ou efeito de trair.
ÌFÍNJÚ Referente à prática de higiene. Asseio.
ÌFINÚṢỌ̀KAN O mesmo que "àdéhùn".
ÌFISÍ O mesmo que "ìfikún".
ÌFISÙN O mesmo que "ẹ̀sùn".
ÌFIYÈSÍ Ato de prestar atenção. Ficar atento.
ÌFOHÙNṢỌ̀KAN O mesmo que "àdéhùn".
ÌFOJÚSÍ O mesmo que "ìfiyèsí".
ÌFOJÚSỌ́NÀ Ato de esperar alguém ou alguma coisa. Aguardar.
ÌFORÚKỌSILẸ̀ GẸ́GẸ́BÍ ỌMỌ ẸGBẸ́ Ato de filiar-se a um partido, uma associação etc.
ÌFÒYÀ Susto. Temor.
ÌFỌ́JÚ Cegueira.
ÌFỌKÀNTÁN O mesmo que "ìgbẹ́kẹ̀lé".
ÌFỌ̀NÀHÀN O mesmo que "ìtọ́nà".
ÌFUN Intestinos. Entranhas. Vísceras.
ÌFÚN-KÁÀKIRI Ato de transmitir. Emissão. Distribuição.
ÌFÚNPA 1. Corda trançada com ráfia natural usada em iniciações, conhecida comumente como "contra egum". Qualquer dispositivo místico usado no braço para proteger ou "fechar" o corpo. **2.** Equi-

pamento usado no braço para medir a pressão sanguínea.

ÌGÀNNÁ Muro. Parede.

IGBÀ O mesmo que "àkókò".

IGBÁ Cabaça. Terrina onde são depositados os objetos rituais de alguns orixás.

IGBA NUM Duzentos.

ÌGBÁ Jiló.

ÌGBÀ ÀTIJỌ́ Passado. Ni Ìgbà àtijọ́ = Antigamente.

IGBÁ ÀYÀ Peito.

IGBÁ ẸBỌ Vasilha de barro utilizada para carregar e depositar sacrifícios e oferendas. Alguidar.

ÌGBÀ ÈWE Adolescência. Juventude.

ÌGBÀ ẸRÙN Verão.

ÌGBA NKAN LỌ́WỌ́ ẸLÒMÍRÀN Ato de receber alguma coisa de outra pessoa.

IGBÁ ODÚ O mesmo que "igbádù"

IGBÁ ORÍ Conjunto de tigela, quartinha e pratos de louça utilizados no ritual do b'orí.

ÌGBÀ ÒDÓ O mesmo que "ìgbà èwe".

ÌGBÀ RÍRÚ EWÉ Primavera.

ÌGBÀDO Milho. O mesmo que "àgbàdo" ou "yangan".

ÌGBÀDO LÍLỌ̀ Fubá.

ÌGBÀDỌ TÚTÙ Milho verde.

IGBÁDÙ Cabaça contendo quatro cabaças pequenas com objetos sagrados que só pode ser manuseada pelo bàbáláwo que a possui.

ÌGBAFẸ́FẸ́ Ato de passear. Passeio.

ÌGBÀGBỌ́ Referente à religião cristã.

ÌGBÁKỌ Pedaço de cabaça usado para servir pirão quente do fogo para os pratos individuais.

ÌGBÀLÀ Salvação. Redenção.

ÌGBÀLÈ Local de culto aos ancestrais.
ÌGBÁLÈ Vassoura.
ÌGBÀNÍYÀNJÚ O mesmo que "ìsìpẹ̀ fún".
ÌGBÀNÚ Cinto.
ÌGBARADÌ Preparo.
ÌGBÁRALÉ Dependência.
ÌGBÀSÍLẸ̀ Acolhimento. Socorro.
ÌGBÀSỌ Advocacia.
ÌGBÀWÍ O mesmo que "ìgbàsọ".
IGBE Choro. Lamento.
ÌGBÉPỌ̀ Convivência. União.
ÌGBÉRAGA Orgulho. Imodéstia.
ÌGBÈRÚ Desenvolvimento. Progresso
IGBÈSÈ Dívida.
ÌGBÉSẸ̀ Decisão. Plano.
ÌGBÉSÍ AYÉ Vida. Vivência.
ÌGBÉYÀWÓ Casamento. União.
ÌGBẸ́ **1.** Mato. Floresta. **2.** Excremento.
ÌGBẸ̀HÌN O fim. Resultado.
ÌGBẸ́SẸ̀ O mesmo que "ìṣísẹ̀".
ÌGBẸ́KẸ̀LÉ **1.** Ato de acreditar em alguém. **2.** Confiança. Dependência.
ÌGBÌ NLÁ Onda. Vaga.
ÌGBÌ OMI Onda.
ÌGBÍN Caramujo. Caracol.
ÌGBÌYÀNJÚ Tentativa.
IGBÓ Floresta. Mata. Floresta sagrada do orixá.
ÌGBÓJÚ O mesmo que "ìgbóyà".
ÌGBÓJÚLÉ Dependência. Confiança.
ÌGBÓYÀ Coragem. Ousadia. Valentia.
ÌGBỌ́ Ato de ouvir. Prestar atenção. Compreender. Concordar com alguém. Aceitar opinião ou conselho de alguém.

ÌGBỌ̀N O mesmo que "àgbọ̀n".
ÌGBÓNÁ ARA Temperatura alta. Expressão usada para descrever pessoa intolerante, ciumenta, invejosa.
ÌGBỌ́RÀN O mesmo que "ìgbọ́".
ÌGÉ Fatia.
ÌGÈ Nome yorubano dado à criança que, durante o parto normal, saiu primeiramente com os membros inferiores. O oríkì de tal criança é "Ìgè-Adùbí", aquele cujo parto foi dificílimo.
ÌGẸ̀ Peito.
IGI Árvore. Madeira. Vara.
IGI ÌDÁNÁ Lenha.
IGI ỌSÀN Laranjeira.
ÌGÒ Garrafa. Vidro.
ÌGÒ OMI GBÍGBÓNA Bule.
ÌGÒ ṢÚGÀ Açucareiro.
IGUN Esquina.
IGÚN Abutre.
ÌGÚNPÁ Cotovelos.
ÌHÀ Rumo. Direção.
ÌHÀ ÌSÀLẸ̀ Sul. Para o sul. Em direção ao sul.
ÌHÌN Notícia. Recado. Relatório. Rumor.
ÌHÍN Aqui.
IHÒ Buraco. Toca.
ÌHÓ ÌYÌN Aclamação.
ÌHÒHÒ Nudez.
ÌHÙWÀ GẸ́GẸ́BÍ ASÍNWÍN Comportar-se como um maluco.
ÌJÀ Briga. Luta. Peleja.
ÌJÁDE Saída.
ÌJÁDELỌ Saída. Passeio.
ÌJÀDÙ O mesmo que "ìdíje".

ÌJAGUN Ato de fazer guerra.
ÌJÀKADÌ Luta romana.
ÌJÀMBÁ Catástrofe.
ÌJÁNJÁ Peça.
ÌJÀPÁ Tartaruga. Cágado.
ÌJÀPÁ OMI Tartaruga de água.
ÌJÁYÀ Susto. Temor.
ÌJE Concurso.
ÌJẸ Comida.
ÌJẸTA Anteontem.
ÌJÌ Tempestade.
ÌJÌYÀ Aflição. Pena. Castigo.
IJÓ Dança.
ÌJOGÚN Herança.
ÌJÓKÒÓ Assento. Banco. Cadeira. Poltrona.
ÌJỌ ONÍGBÀGBỌ́ Congregação cristã.
ÌJỌBA Governo. Reino. Soberania.
ÌJỌBA ÀJÙMỌ̀ṢE Democracia.
ÌJỌLÁ ÌLÚ Governo.
ÌJỌLÓJÚ Surpresa.
ÌJỌRA Semelhança.
ÌJỌ́SÌN O mesmo que "ìsìn".
ÌJÚBÀ Adoração. Veneração.
ÌJÙMỌ̀SỌ Concordância.
ÌKÀ Pessoa malvada, sem escrúpulo, impiedosa.
ÌKA Dedo.
ÌKA EEGUN Ossos do dedo.
ÌKA ẸSẸ̀ Dedo do pé.
ÌKÀ SÍ LỌ́RÙN O mesmo que "ẹ̀sùn".
ÌKA ỌWỌ́ Dedo da mão.
ÌKAN Número um. Uma.
ÌKÀN Uma espécie de jiló.
ÌKÁN Cupim.

IKARAHUN Casco de caramujo. Concha.
ÌKÁSẸ̀ ỌJỌ́ Véspera.
ÌKÉDE Anúncio. Propaganda. Publicidade.
ÌKÈLÉ Véu.
ÌKÉSÍ Convocatória. Convocação.
ÌKÉWẸ́WẸ́ Ato de picar ou cortar algo em pedacinhos.
ÌKẸ́ Ato de cuidar. Dar carinho. O mesmo que "ìgẹ̀".
ÌKẸ́GÀN Ato de difamar, caluniar.
ÌKẸ́RA Ato de simular delicadeza. Fragilidade.
ÌKÍ AYỌ̀ FÚN ÀLEJÒ Recepção calorosa.
ÌKÌLỌ̀ Advertência. Cautela. Aviso.
IKIN Coquinhos-de-dendezeiro especiais (com três ou quatro furinhos) utilizados no oráculo de Ifá como instrumento divinatório.
ÌKÍNI Saudação. Cumprimento.
ÌKÍNI KÚ ORÍ IRE Ato de parabenizar alguém.
ÌKO Ráfia vegetal. Palha da costa.
ÌKÓDIDẸ Pena vermelha do rabo do papagaio africano, utilizada em rituais.
ÌKỌJÁ ÒKUN Além-mar. O mesmo que "òkè òkun".
ÌKÓJỌPỌ̀ Coletânea. Ato de coletar. Reunir.
ÌKÓJỌPỌ̀ OWÓ Fundo (finança).
IKÒKÒ Pote de barro.
ÌKOOKÒ Lobo.
ÌKÓRÈ Ceifa. Colheita.
ÌKÓRÌÍRA O mesmo que "ìríra".
IKỌ́ Tosse.
IKỌ̀ Mensageiro. Emissário.
ÌKỌSẸ̀ Ofensa. Queda.
ÌKỌSẸ̀BÁ Coincidência.
ÌKỌ́ṢẸ́ Aprendizagem.

ÌKỌ̀WÉ Ato ou efeito de escrever.
ÌKỌ́YÀN Sutiã. Porta-seios.
IKÚ Morte.
IKUN Catarro. Secreção.
IKÙN Abdome. Barriga.
ÌKÚNLÓJÚ O mesmo que "ìmọ rírì".
ÌKÚÙKÙ Punho.
ÌKÚÚKÙU Nuvem.
ILÁ Quiabo.
ILÀ Fila. Linha.
ILÀ OJÚ Marca de identificação étnica, cicatriz.
ÌLÁ ÒKÈ Norte.
ÌLÀ OÒRÙN Leste.
ILÁ TÍNRÍN Risco.
ÌLÀÁGÙN Suor.
ÌLÁHÙN Ritual para abrir a fala do orixá durante uma iniciação.
ÌLÀJÌ Meio. Metade.
ÌLÀNÀ Lei. Norma. Regulamentos.
ÌLÁYÀ Ousadia.
ILÉ Casa. Edifício. Moradia.
ILÉ AYÉ Mundo. Planeta Terra.
ILÉ Ẹ̀KỌ́ Escola.
ILÉ Ẹ̀KỌ́ GÍGA Academia. Escola superior.
ILÉ ÈRÒ Hotel.
ILÉ Ẹ̀WỌ̀N Cadeia. Prisão.
ILÉ IBỌ AKÚ Casa de culto aos mortos de uma comunidade.
ILÉ ÌDÁNÁ Cozinha.
ILÉ ÌFÌWÉ RÁNṢẸ́ Correio.
ILÉ ÌFOWÓPAMỌ́ Banco. Casa bancária.
ILÉ ÌGBÀLẸ̀ Casa de culto aos ancestrais de uma comunidade.

ILÉ ÌGBẸ́ Banheiro.
ILÉ ÌGBẸ́ ALAWO Vaso sanitário.
ILÉ ÌKÀWÉ Biblioteca. O mesmo que "yàrá ìkáwé".
ILÉ IJOKO Sala de visita.
ILÉ ÌṢỌ́ Torre.
ILÉ ÌṢỌ́ GÍGA O mesmo que "ilé ìṣọ́".
ILÉ ÌṢỌNÀ Oficina de artesanato.
ILÉ ÌWÉ Escola.
ILÉ ÌWÒSÀN Hospital.
ILÉ NLÁ Prédio.
ILÉ ỌBA Palácio.
ILÉ ỌJÀ Loja.
ILÉ ỌKỌ̀ Garagem.
ILÉ ỌLẸ̀ Útero.
ILÉ ỌLỌ́RUN Igreja. Templo.
ILÉ ONJẸ Sala de jantar.
ILÉ-BODÈ O mesmo que "ibodè".
ÌLERA Saúde.
ÌLÉRÍ Promessa.
ÌLETÒ Aldeia.
ILẸ̀ Terra. Terreno. Solo. Assoalho.
ILẸ̀ GBÍGBẸ Torrão.
ILẸ̀ ÌBÍ ẸNI País. O mesmo que "ìlú" ou "orílẹ̀ èdè".
ILẸ̀ ILÈ Terreno destinado à construção de casa.
ILẸ̀ TÍ A LÈ KỌ́LÉ SÍ Terreno.
ÌLẸ̀DÚ Esterco. Estrume. Terra fertilizada.
ÌLẸ̀KẸ̀ Colar. Contas de coral ou missangas.
ÌLẸ̀KẸ̀-IYÙN Contas corais. Contas de alto valor.
ÌLẸ̀KẸ̀-ỌPỌ̀LỌ́ Contas de Nanã. O mesmo que "lagidigbá".
ILẸ̀KÙN Entrada. Porta. Saída.
ÌLÒ Costume. Uso.

ÌLÓHÙN SÍ Voto. Apoio.
ÌLÒKULÒ Abuso. Uso indevido.
ÌLÓYÚN O mesmo que "oyún".
ÌLỌKÀN O mesmo que "ìgbóyà".
ÌLỌSÍWÁJÚ Progresso.
ÌLÙ Tambor. Atabaque.
ÌLÚ Cidade. Governo. País. Torrão.
ILU KIKI ỌKAN 1. Pulsos. **2.** Respiração ofegante.
ÌMÉFÒ O mesmo que "iyèméjì".
IMI ỌJỌ Enxofre.
ÌMÓFO O que não leva a nada.
ÌMÒYE O mesmo que "imọ̀".
IMỌ̀ Compreensão. Saber
ÌMỌ́ Referente à luz. Iluminação. Claridade. Santidade.
ÌMỌ̀ ÌTỌ́WÒ Paladar.
ÌMỌ RÍRÌ Preço. Valor.
ÌMỌ́LẸ̀ Luz. Iluminação. Clareza.
ÌMỌLẸ̀ Divindades. Referente às 400 + 1 divindades do panteão yorubano. O mesmo que "ẹbọra" ou "irúnmọlẹ̀".
ÌMỌ̀RÀN Opinião. Conselho.
ÌMỌ̀TẸ́LẸ́ Presciência. Clarividência.
ÌMỌ́TÓTÓ Limpeza. Nitidez. Higiene. Asseio.
IMÚ Nariz.
IMU DÁJÚ Assegurar. Garantir.
ÌMÚBÁDỌ́GBA Distribuição igual.
ÌMÚKÚRÒ Demissão. Eliminação. Remoção.
ÌMÚLÁRAYÁ Animar. Estimular. Invigorar.
ÌMÙLẸ̀ Pacto de sangue.
ÌMÚRA Preparação. Ato de se preparar.
ÌMÚRASÍLẸ̀ Prontidão. Estar preparado.
ÌMÚSÀN Ato de curar.

ÌMÚṢẸ Ato de realizar; cumprir promessa. Realização.
ÌMÚYẸ Adaptação. Consideração.
INÁ Fogo.
INÁ ARA Pulga.
INÁ ÀTÙPÀ Luz. Lâmpada.
INÁ ORÍ Piolho.
ÌNAGIJẸ Apelido. O mesmo que "orúkọ àpèlé".
ÌNÁWÓ Custo. Despesa.
ÌNI Herança. Acervo.
ÌNÍ ÌFẸ́ SÍ Interesse.
ÌNIRA O mesmo que "ìrora".
INỌN Forma arcaica da palavra "iná". Fogo.
INÚ Barriga. Ventre. Estômago. Dentro.
INÚ DÍDÙN Felicidade. Bom humor. Alegria. Contentamento. Prazer.
INÚBÀJẸ́ O mesmo que "ìbànújẹ́".
ÌPÀ Dança e ritmo atribuídos às divindades Ogum e Oxóssi. Última etapa da cerimônia fúnebre em honra aos grandes caçadores.
IPÁ O mesmo que "ìsapá".
IPA ỌNÀ Curso. Rota. Rumo. Sentido.
ÌPÀÀRỌ O ato de mudar.
ÌPADÀ Volta.
ÌPÀDÉ Encontro. Reunião. Contato.
ÌPALẸ̀MỌ́ Preparo.
ÌPAMỌ́RA Humildade. Paciência. Estoicismo.
ÌPARA Unção.
ÌPARẸ́ Abolição. Aniquilamento. Catástrofe.
ÌPARÍ Fim. Finalidade.
ÌPARỌ́RỌ́ Sossego.
ÌPARUN Ato ou efeito de aniquilar. Derrota. Queda. Perdição.

ÌPÈ Ato ou efeito de convocar. Chamar. Chamada. Convite. Convocação.
ÌPÈLẸ́JỌ́ Ato ou efeito de processar alguém no tribunal de justiça.
ÌPÉNGBÉJÚ Sobrancelha.
IPENPEJU Pálpebras.
ÌPÈSÈ SÍLẸ̀ Preparo.
ÌPẸ̀ Desculpa. Consolo. Intervenção.
ÌPẸ̀TẸ̀ Purê de inhame.
ÌPẸ̀TÙSÍ Ato ou efeito de fazer a paz. Restabelecer a ordem social, política etc.
ÌPÌLẸ̀ 1. Ato ou efeito de planejar. **2.** Fundamento.
ÌPÌLẸ̀ ÌLÚ Fundação de uma cidade, nação ou povo.
ÌPILẸ̀ṢẸ̀ Início. Primórdio. Origem.
IPIN Muco branco produzido pelos olhos.
ÌPÍN Parcela. Parte. Sorte.
ÌPÍNFÚNNI Repartir. Distribuir.
ÌPÍNHÙN O mesmo que "àdéhùn".
ÌPINNU Decisão. Resolução.
IPÒ Estação. Posição. Lugar. Sítio. Qualidade.
IPÒ OGBÓ Referente a velhice.
IPÒ ỌBA Referente a realeza. Soberania.
ÌPOLÓWÓ O mesmo que "ìkéde".
ÌPÒNGBẸ Anseio. Expectativa.
ÌPỌ́NJÚ Adversidade. Aflição. Miséria.
ÌRAN Vista. Visão. Transe.
ÌRÁNLÉTÍ Lembrar algo a alguém. Lembrete.
ÌRÀNLỌ́WỌ́ Favor. Remédio. Socorro. Ajuda. Apoio.
ÌRÁNṢẸ́ Criado. Mensageiro.
ÌRÁNTÍ Lembrança.
ÌRÀWỌ̀ Estrela.

IRE Sorte. Benefícios. Coisas boas.
IRÉ O mesmo que "eré".
ÌRÈKÉ Cana-de-açúcar.
ÌRÉKỌJÁ SÍ ÌHÀ MÍRÀN Ato ou efeito de transitar de um lugar para outro. Trânsito. Transição.
ÌRÉPÉ Peça (de roupa).
ÌRÉPỌ̀ O mesmo que "ìbárẹ́".
ÌRÈTÍ Esperança.
ÌRẸ̀ Grilo.
ÌRẸ́PỌ̀ União.
ÌRẸ̀LẸ̀ Humildade.
ÌRẸ̀LẸ́KÚN Ato ou efeito de consolar. Consolação. O mesmo que "ìsìpẹ̀ fún".
ÌRẸ́SÌ Arroz.
ÌRÍ 1. Ato ou efeito de ver. **2.** Figura. Imagem. Qualidade. Semelhança.
ÌRÌ DÍDÌ O mesmo que "yìnyín".
ÌRÍ OJÚ Vista.
ÌRÍBÁKANNÁÀ Semelhança.
IRIN Ferro. Aço.
ÌRÌN Andar.
ÌRÌN-ÀJÒ Viagem.
ÌRÌN ẸSẸ̀ Passo.
IRIN ISẸ́ Ferragem.
ÌRÌNKIRI Passeio.
ÌRÍRA Ato ou efeito de detestar alguém ou alguma coisa. Ter ódio.
ÌRÍRAN Vista.
ÌRÍTẸ́LẸ́ O mesmo que "ìmọ̀tẹ́lẹ̀".
ÌRÓ 1. O mesmo que "ariwo". **2.** Pano usado por mulheres yorubanas, amarrado em forma de saia.
ÌRÒ Conceito. Imaginação. Opinião. Pensamento.
ÌRÒHÌN O mesmo que "ìkéde".

ÌRÒHÌN TITUN Novidade.
ÌRÒLÙ Adição. Mistura.
ÌRÒPỌ̀ O mesmo que "ìròlù".
ÌRORA Agonia. Dor.
IRỌ́ O mesmo que "èké".
ÌRỌ́ Ruptura.
ÌRỌBÍ Trabalho de parto.
ÌRỌ́JÚ Paciência. O mesmo que "ìsapá".
ÌRỌ̀LẸ́ Tardinha. Crepúsculo.
ÌRỌRA Felicidade. Conforto.
ÌRỌ̀RÍ Almofada. Travesseiro.
ÌRỌ̀RÙN Conveniência. Facilidade. Conforto.
IRÚ Espécie. Jeito. Sorte.
ÌRÙ Rabo.
ÌRÙ ẸṢIN Rabo de cavalo.
ÌRÚ OMI Onda. Vaga. Vagalhão.
IRÚ PÚPỌ̀ BẸ́Ẹ̀ Tanto.
IRÚKANNÁÀ Par. Uniforme.
ÌRÙKẸ̀RẸ̀ Adereço feito com rabo de cavalo ou boi, que compõe a indumentária de alguns orixás.
IRUN Cabelo. Pelo.
IRUN ÀGBỌ̀N Barba. Cavanhaque.
IRUN ÀGÙNTÀN Lã.
IRUN IMÚ Bigode.
IRUN ÌPÉNPÉJÚ Pestanas. Cílios.
IRÙNGBỌ̀N Barba.
IRÚNMỌLẸ̀ Nome primitivo dos orixás.
ÌRÚSÓKÈ Agitação.
ÌSÀ O mesmo que "ihò".
ISÀ ÒKÚ Túmulo.
ÌSÀLẸ̀ Fundo. Base. Embaixo. Debaixo.
ÌSÀLẸ̀ IKÙN Parte inferior do abdome.
ÌSÀLẸ̀ ILÉ Andar térreo.

ÌSÁNSÁ Vagabundo.
ÌSAPÁ Esforço. Tentativa.
ÌSÉ Botão.
ÌSIMI Feriado.
ÌSIMI ỌLỌ́JỌ́ DÍẸ̀ Férias curtas.
ÌSIMI ỌLỌ́JỌ́ PÍPẸ̀ Férias de longa duração.
ÌSÌN Culto. Adoração.
ÌSÍN Peixinho.
ÌSÌNRÚ Trabalho. Serviço.
ÌSÌPẸ̀ FÚN Consolação.
ÌSISÌYÍ Agora.
ÌSOPỌ̀ Afiliação. União. Casar duas pessoas.
ÌSỌ Tenda. Barraca.
ÌSỌDASÁN O mesmo que "ìparẹ́".
ÌSỌDIMÍMỌ́ Ato ou efeito de santificar. Consagração.
ÌSỌDÒFO O mesmo que "ìparẹ́".
ÌSỌDỌMỌ Aderência. Adoção.
ÌSỌ̀FINTÓTÓ Investigação. Trabalho de detetive.
ÌSỌFÚN O mesmo que "ìkéde".
ÌSỌJÚ ẸNI Representar alguém.
ÌSỌ̀RỌ̀ Falar. Alocução.
ÌSỌTẸ́LẸ̀ Adivinhação. Previsão.
ÌSÙN Ato ou efeito de dormir.
ÌSUN O mesmo que "orísun".
ÌṢÁKO ỌKÁN Distração.
ÌṢÀKÓSO Administração.
ÌṢÁN Vara ritual utilizada no culto Egungun.
IṢAN Músculo. Nervo.
IṢAN ARA Artéria. Tendão.
IṢAN Ẹ̀JẸ̀ Veia.
ÌṢÁNÁ Fósforo.
ÌṢÁNJẸ Mordida. Dentada.

ÌṢE Ação. Costume. Cultura. Desempenho. Fato. Hábito. Jeito. Maneira.
ÌṢE ÀWÁWÍ Arrumar desculpas.
IṢE ẸNI NÌKAN Solidão.
ÌṢE ÌDÁJỌ́ Julgar. Criticar.
IṢÉ ÌDÁNRAWÒ Ato ou efeito de se exercitar. Prova. Exercício.
ÌṢE OJÚ FÚN'NI Ato ou efeito de representar a outro.
ÌṢE TÍMỌ́TÍMỌ́ Afinidade.
ÌṢEBÍ Imitar. Imitação.
ÌṢEDÉDÉ Acomodação. Concerto. Harmonia. Honestidade. Par.
ÌṢEKÚPANI Traição. Assassinato.
ÌṢELỌ́ṢỌ̀Ọ́ Aparelhar. Decorar. Enfeitar.
ÌṢEUN Favor. Ato de bondade.
IṢẸ́ Emprego. Obra. Serviço. Trabalho. Suor. Tarefa. Obrigação.
ÌṢẸ́ O mesmo que "òsì".
IṢẸ́ ADÁJỌ́ Função de desembargador.
IṢẸ́ AGBÁRA Façanha. Trabalho braçal.
IṢẸ́ ÀRÀ O mesmo que "iṣẹ́ agbára".
ÌṢẸ́ ẸNI Trabalho próprio.
IṢẸ́ ILÉ KÍKỌ́ Obra. Construção.
IṢẸ́ RÍRÁN Recado.
ÌṢẸ̀DÁLẸ̀ Cultura. Origem. Primórdio.
ÌṢẸ́GUN Ato ou efeito de vencer. Vitória.
ÌṢẸ́JÚ Minuto.
ÌṢẸ́JÚ AKÀN Segundo (de relógio).
ÌṢẸ̀LẸ̀ Acontecimento.
ÌṢẸ́NÍṢẸ̀Ẹ́ Viver na miséria.
ÌṢẸ́NÚ Aborto.
ÌṢẸ́YÚN Contração de "ìṣẹ́ oyún". O mesmo que "Ìṣẹ́nú".

ÌṢÌKÀ Ato de crueldade. Má-criação.
ÌṢÍKÙ Saldo.
ÌṢÍLÉTÍ O mesmo que "ìkìlọ̀".
ÌṢÍNÍYÈ Ato de dar sugestão, conselho.
ÌṢÍPÒ PADÀ Afastamento. Mudança. Morte.
ÌṢÍPÒPADÀ O mesmo que "ìṣípò padà".
ÌṢIRÉ Jogo. Passatempo.
ÌṢÍSẸ̀ Passo.
ÌṢÍSÍLẸ̀ Vaga. Abertura.
ÌṢÓ Prego.
ÌṢỌ̀ ẸRAN Açougue.
ÌṢỌ̀FỌ̀ Luto.
ÌṢỌGBỌỌGBA Ato de duas coisas estarem a par. Igualdade. Paridade.
ÌṢỌ̀KAN O mesmo que "ìdàpọ̀".
ÌṢỌ́RA O mesmo que "àkíyèsi".
ÌṢÒTÍTỌ́ Ato de falar a verdade. Ter integridade.
ÌṢÒWÒ Comércio. Tráfico.
IṢU Inhame.
ÌṢÙ ERÙPẸ̀ Torrão.
ÌṢUBÚ Queda.
ÌṢÚNÁ Economia.
ÌTA Rua. Praça. Espaço aberto. Fora. Exterior.
ÌTAKÉTÉ Ato de ficar isolado dos outros. Manter distância.
ITAN Coxa. Perna.
ÌTÀN História. Mito. Lenda.
ÌTÀN ÀHESỌ Boato.
ÌTÀN ÀRÒKỌ Literatura.
ÌTÀN ÌFẸ́ Romance.
ÌTÀNNÁ EWÉKO Flor.
ÌTẸ́ ẸYẸ Ninho.
ÌTẸ́ ỌMỌ ỌWỌ́ Berço.

ÌTẸNUMỌ́ Afirmação.
ÌTẸNUMỌ́RỌ̀ Ato de insistir num assunto. Teimosia.
ÌTẸRÍBA Ato ou efeito de dar o respeito devido aos mais velhos. Mostrar-se educado(a). Ter humildade. Boa conduta.
ÌTẸ̀SÍ Jeito.
ÌTẸ̀SÍWÁJÚ O mesmo que "ìlọsíwájú".
ÌTẸ́WỌ́GBÀ Ato de aceitar, aprovar. Aceitação.
ÌTÌJÚ Vergonha. Timidez.
ÌTÌLẸ́HIN Ato ou efeito de apoiar, ajudar, sustentar o projeto de alguém.
ÌTÓBI Tamanho.
ÌTÒRÓRÓSÍ Unção.
ÌTỌ̀ Urina.
ITỌ́ Saliva. Cuspe.
ÌTỌ́ Ato ou efeito de educar. Educação. Tutela.
ÌTỌ́ ỌMỌDÉ Educação de criança.
ÌTỌ́JÚ Cuidado.
ÌTỌ́NÀ Governo. Tutela.
ÌTỌRỌ O mesmo que "àdúrà".
ÌTỌRỌ ÀFORÍJÌ Ato de pedir perdão ou desculpas.
ÌTỌ́WÒ Ato de provar uma comida.
ÌTÚ SÍ KÉLEKÉLE Ato de despedaçar. Desmembrar.
ÌTÚ SÍ WẸ́WẸ́ Ato de analisar. Avaliar.
ÌTÚMỌ̀ Ato de traduzir. Explicar. Sentido. Significado.
ÌTÙNÍNÚ O mesmo que "ìsìpẹ̀ fún".
ÌTÙNÚ Conforto. Consolo.
ÌTURA Conforto. Descanso. Diversão.
ÌWÀ Qualidade. Comportamento. Hábito. O mesmo que "ìṣe".
ÌWÀ AKỌNI Façanha. Valentia.

ÌWÀ ÀLÈÉBÙ Vício.
ÌWÀ BÍ ỌLỌ́RUN O mesmo que "ìwà rere".
ÌWÀ BÚBURÚ O mesmo que "ìwàkiwà".
ÌWÀ HÍHÙ Procedimento.
ÌWÀ ÒMÙGỌ̀ Tolice.
ÌWÀ ỌRUN O mesmo que "ìwà rere".
ÌWÀ PANṢÁGÀ Adultério.
ÌWÀ RERE Virtude.
ÌWÀ TÍTỌ́ Honestidade.
ÌWÀ WÈRÈ Tolice.
ÌWÀÁSÙ Sermão.
ÌWÀDÌÍ Ato de investigar.
ÌWÁDÌÍ Pesquisa.
IWÁJÚ Rosto. Frente.
IWÁJÚ ORÍ Testa.
ÌWÁKIRI O mesmo que "àwárí".
ÌWÀKIWÀ Crime. Ato de má-criação.
ÍWÁNÁ O que serve para tirar brasas ou abanar fogo.
IWÁRÁPÁ Epilepsia.
ÌWÁRÌRÌ Tremor. Pavor. Trepidação
ÌWÀYÁ ÌJÀ Luta. Briga.
IWE Moela.
ÌWÉ Caderno. Carta. Livro. Papel.
ÌWÉ ÀKÓJỌ Coleção de obras.
ÌWÉ ÀṢẸ Licença.
ÌWÉ ẸRÍ Certificado. Diploma. Atestado. Comprovante.
ÌWÉ ÌFIYÈSÍ Caderno de anotações, observações.
ÌWÉ ÌJẸ́WỌ́ GBÍGBA NKAN Recibo.
ÌWÉ IKAYE OṢÙ Calendário.
ÌWÉ ÌRÁNTÍ Caderno de anotações. Registro.
ÌWÉ ÌRÍN ÀJÒ Passaporte.
ÌWÉ ÌRÒHÌN Jornal. Revista.

ÌWÉ ÌRÒHÌN OWÓ Orçamento.
ÌWÉ ÌWỌLÉ Bilhete. Ingresso.
ÌWÉ IYE TÍ NKAN JẸ́ O mesmo que “ìwé owó”.
ÌWÉ KÚKURÚ Bilhete. Nota.
ÌWÉ OWÓ Livro de contas.
ÌWẸ̀MỌ́ O mesmo que “ìsọdimímọ́”.
ÌWÍFÚN O mesmo que “ìhìn”.
ÌWO Chifre.
ÌWÓ Nome de uma cidade yorubana na Nigéria. Uma lenda fala de Ìwó como sendo a terra de origem do papagaio que fornece o ìkódidẹ.
ÌWÒ ILẸ̀ Passagem subterrânea.
ÌWÒ ÌRÍSÍ O mesmo que “ìrí”.
ÌWÒYE O mesmo que “àkíyèsi”.
ÌWỌ Você. Tu.
ÌWỌ́ Umbigo.
ÌWỌ́ OÒRÙN Oeste.
ÌWỌLÉ Ato ou efeito de entrar. Entrada. Acesso.
ÌWỌ̀N Tamanho.
ÌWỌ̀N ÒTÚTÙ Temperatura.
ÍWỌ́NÁ Ato ou efeito de aguardar algo ou alguém.
ÌWỌṢỌ A arte de se vestir.
ÌWUNI Atração.
ÌWÚRÍ Ato ou efeito de incentivar. Estimular. Encorajar.
ÌWÚYÈ Coroação.
ÌYÁ Mãe. Mulher.
ÌYÀ Sofrimento. Aflição.
ÌYÁ ÀFIN Senhora.
ÌYÁ ÀGBÀ Anciã. Mulher de idade avançada. Mãe idosa e respeitável. Nome pelo qual são chamadas as divindades patronas do culto das ìyámis, as feiticeiras.

ÌYÁ ILÉ Título dado à primeira mulher de um homem polígamo ou à esposa mais antiga de um clã.
ÌYÁ ÌSÀMÌ Madrinha.
IYA IYA O mesmo que "ìyá àgbà".
IYA IYA IYA Bisavó.
ÌYÁ ÌYÀWÓ Sogra (mãe da esposa).
ÌYÁ KÉKERÉ Mãe-pequena. Tia.
ÌYÁ MẸSAN Ọ̀RUN Mãe dos nove céus. Oríkì (título) de Oiá, orixá feminino, patrona dos eguns. Esse oríkì se tornou seu nome no Brasil, onde ficou conhecida como Iansã.
ÌYÁ MI Minha mãe. Divindades que presidem o culto das feiticeiras. O mesmo que Ìyámis.
ÌYÁ NLÁ Avó. Nome dado à grande protetora do culto de Gẹ̀lẹ̀dẹ́.
ÌYÁ OMINIBU Mãe das águas profundas. Um dos oríkìs de Oxum.
ÌYÁ ORÍ Mãe das cabeças. Qualificação dada a Iemanjá.
ÌYÁ ỌKỌ Sogra (mãe do marido).
IYABA Mãe. Rainha. Contração frequente no Brasil que pode decorrer tanto de "ìyá àgbà" (mãe ancestral) quanto de "àyà ọba" (rainha).
ÌYÀLẸ́NU Surpresa.
ÌYÁLODE Cargo atribuído a uma mulher influente que tem a função de chefiar e dirigir as demais mulheres da aldeia ou cidade.
ÌYÁLÒRÌṢÀ Sacerdotisa. A mãe que cuida dos orixás.
ÌYÁMI ẸLẸYẸ Mãe idosa possuidora de pássaro. Nome atribuído a Ìyámi.
ÌYÁMI Ọ̀ṢỌ̀RỌ̀NGÀ Divindade que preside o culto praticado por mulheres consideradas feiticeiras.

IYÁN MI Inhame cozido e pilado.
ÌYANU O mesmo que "ìyàlẹ́nu".
IYÀRÁ Quarto. Dormitório.
ÌYARUN Pente.
ÌYÀWÓ **1.** Esposa. **2.** Pessoa recém-iniciada.
ÌYÀWÓ ỌMỌ ẸNI Nora.
ÌYÀWÓ TITUN Noiva.
ÌYÈ Vida. Vivência. Salvação.
IYE Custo. Número. Taxa. Valor. Quantidade.
IYE ÈNÍYÀN INÚ ÌLÚ População.
IYE NKAN Tarifa. Valor.
IYE TÍ NKAN JẸ́ Preço. Custo. Número.
IYE TÍ OHUN TÍ A RÀ JẸ́ Despesas.
IYE OWÓ NKAN Valor. Preço.
IYE OWÓ ỌJÀ Preço.
IYÈMÉJÌ Dúvida.
IYEWA Divindade feminina do rio de mesmo nome, cultuada na região de Ẹ̀gbá e ligada às águas do rio e ao solo dos cemitérios.
ÌYẸ́ Pena de ave. Plumagem.
ÌYẸ̀FUN Farinha.
ÌYẸN Aquele(a).
IYẸ̀PẸ Areia.
ÌYẸRÓSÙN Pó amarelo de origem vegetal utilizado no oráculo de Ifá.
ÌYẸ̀WÙ Quarto.
ÌYẸ̀WÙ ÒRÌṢÀ Casa ou quarto do orixá.
IYÌ Valor. Honra. Respeito.
ÌYÌN Notícia. Ato de louvar. Louvação. Homenagem. Admiração. Renome. Glorificação. Saudação. Parabéns.
ÌYÌN LÓGO O mesmo que "ìjúbà".
ÌYÓKÙ Saldo. Restante.

IYỌ̀ Sal.
IYỌ̀ ÌRÈKÈ Açúcar.
IYỌ̀ ÒYÌNBÓ O mesmo que "ìyọ̀ ìrèkè".
IYỌ̀ ÒYÌNBÓ DUDU Açúcar mascavo.
ÌYỌLẸ́NU Perturbar. Molestar. Atrapalhar.
ÌYỌNU Aflição. Praga.
ÌYỌ́NÚ Compaixão. Dó. Pena.
ÌYỌRÍSÍ Efeito. Êxito. Fim.
IYÙN O mesmo que "ìlẹ̀kẹ̀".

Jj

J'AJÁ Contração de "jẹ" e "ajá". Comer cachorro.

J'EJÌKA Contração de "jú" e "èjika". Sacudir ou agitar os ombros em sinal de resignação ou exasperação.

J'ẸBỌ́ Contração de "jẹ" e "ẹbọ́". Comer oferenda.

J'Ẹ́JẸ̀ Contração de "jẹ́" e "ẹ̀jẹ́". Jurar. Pactuar.

J'OJÚ Contração de "ju" e "ojú". Mais precioso do que o olho. Expressão usada para coisas caras, valiosas ou difíceis de encontrar.

J'ONJẸ Contração de "ju" (comer) ou "jẹ" e "onjẹ" (comida). Comer, se alimentar.

JÀ Brigar. Lutar. Guerrear. Pelejar.

JÀ DÙ Competir.

JÀ OGUN Lutar. Guerrear.

JÁ'WÉ Contração de "já"e "ewé". Pegar ou colher folhas.

JÁDE Sair.

JÁDE LỌ O mesmo que "jáde".

JÁDE WÁ Ir ao encontro de alguém que está fora.

JÁDÌÍ Acabar-se. Resultar em.

JÁFARA Descuidar. Demorar.

JAGBÁ Agarrar subitamente.

JÀGÙDÀ Ladrão.

JAGUN O mesmo que "jà ogun".

JAGUNJAGUN Guerreiro. Soldado.

JALÈ Roubar.

JÀMBÁ Acidente. Adversidade.

JÀN Agitar. Mexer.

JÀRE **1.** Ter razão. Estar com razão. **2.** Imperativo "Faça o favor".

JÁWE Colher ervas.

JÈRÈ Ganhar. Ter lucro. Lucrar. Adquirir.

JẸ́ Vamos. Permita que. Deixe que. Vir a ser. Responder. Funcionar.
JẸ **1.** Comer. Mastigar. **2.** Ganhar.
JẸ́ Custar. Valer. Ser.
JẸ́ ALÁÌMỌ̀ Ignorante.
JẸ ÀNFÀNÍ Beneficiar. Usufruir.
JẸ AYÉ Desfrutar, usufruir.
JẸ DÍẸ̀DÍẸ̀ Roer.
JẸ ÈRÈ Aproveitar. Encomendar. Lucrar.
JẸ GBÈSÈ Dever. Ficar devendo.
JẸ ÌFÀ Aproveitar. Desfrutar. Usufruir.
JẸ ÌGBÁDÙN Curtir. Usufruir. Desfrutar.
JẸ ÌRỌRA Agonizar.
JẸ ÌYÀ Sofrer. Amargar.
JẸ́ KÍ Ó DÚN Badalar.
JẸ NÍ ÌYÀ O mesmo que "jẹ níyà".
JẸ NÍYÀ Afligir. Castigar. Disciplinar.
JẸ́ OLÓRÍKUNKUN Pessoa teimosa.
JẸ ONJẸ ALẸ́ Jantar.
JẸ RUN Levar à falência.
JẸ́ TI Pertencer a.
JẸ̀JẸ̀ De maneira pesada. Profunda.
JẸ́JẸ́ Calmamente. Devagar.
JẸ́JẸ̀JẸ́ Mansamente. Suavemente.
JẸ́JẸ̀Ẹ́ Contração de "jẹ́ ẹ̀jẹ́". Jurar. Fazer voto. Prometer em juramento.
JẸ́KÍ Permitir.
JẸRUN Levar à falência
JẸUN Comer.
JẸUN ALẸ́ Jantar.
JẸUN ỌSÁN Almoçar.
JẸ́WỌ́ Confessar. Admitir.
JÍ Acordar. Roubar.

JÍ DÌDE Ressuscitar.
JÍGÍ Espelho.
JÍJẸ́WỌ́ Admissão.
JÍJỌ Semelhança.
JÌN 1. Doar. Prestar. Agraciar. **2.** Longe. Profundo.
JÍNKÍ Dar. Doar.
JINLẸ̀ Fundo.
JÌNNÀ Afastado. Longe.
JÍRỌ̀ Trocar. Permutar.
JÍRÒRÒ Consultar-se com. Buscar opinião.
JÍṢẸ́ Dar recado.
JÌYÀ O mesmo que "joró".
JIYÀN Debater.
JÓ Dançar. Bailar.
JÓ F'ORÌṢÀ Dançar para o orixá.
JÒ MU Chupar. Sugar.
JOGÚN Herdar.
JOKO Sentar. Estar sentado.
JÓKÒÓ Sentar-se. Assentar. Morar. Residir.
JÒMU O mesmo que "jò mu".
JÒÒRÒ Desgastado. Seco. Magro.
JÒRÒ O mesmo que "jòòrò".
JORÓ Padecer. Sofrer. Agoniar.
JỌ Juntamente. Parecer.
JỌ ARA WỌN Parecidos.
JỌ LỌ́ Ir juntos.
JỌ̀ LỌ́WỌ́ Entregar. Ceder. Deixar.
JỌ̀ LỌ́WỌ́ LỌ Soltar.
JỌ PÍN Compartilhar.
JỌ'NI LÓJÚ Admirar. Maravilhar-se.
JỌ̀WỌ́ Faça o favor.
JU Mofar.
JÙ Atirar. Lançar.

JÙ BẸ́Ẹ̀ LỌ Demais.
JU GBOGBO RẸ̀ LỌ Sobretudo.
JU ỌWỌ́ SÍ Abanar. Sacudir a mão em direção a alguém em sinal de despedida.
JÚBÀ Fazer reverência. Adorar. Pedir bênção. Saudar.
JÙLỌ Mais (advérbio).
JUMỌ Junto.
JÚWE Descrever.
JUWỌ́ SÍ ÌWÉ Firmar.

Kk

K'A Contração de "ki" e "àwa". Que nós.

K'Á Contração de "kí" e "a". K'á r'elé = vamos para casa.

K'AGÒ Pedir licença.

K'AJÁ Contração de "ko" e "ajá". Pegar o cachorro.

K'ARA Contração de "kí" e "ara" . Saudar as pessoas.

K'ẸRAN Estar numa encrenca.

K'ÍBÀ ṢẸ Que a bênção seja aceita.

K'OJUMỌ Que o dia amanheça.

K'ORÒ O mesmo que "kan orò" ou "ki orò" (que o fundamento). "Ko orò" – pegar o fundamento.

K'ORÒ KÁ Transportar ou levar o fundamento do culto.

K'OSÙN O mesmo que "ko osùn" ou "kun osùn" (pintar-se com osùn).

KÀ 1. Ler. **2.** Calcular, contar.

KÁ Abreviação de "káákiri", em volta de, em toda parte.

KÁ Ceifar. Dobrar.

KÁ MỌ́ Abranger. Conter.

KÁ NÍ ỌWỌ́ KÒ Refrear. Constranger.

KÀ SÍ Respeitar alguém. Seguir o modelo de alguém.

KÀ SÍ LỌRÙN Imputar. Culpar.

KÀ'WE Estudar

KÁÀBỌ̀ Contração de "ku" e "àbọ̀". Seja bemvindo.

KÁÀLẸ Contração de "ku" e "alẹ́". Boa noite.

KÁÁNÚ Ter dó ou pena de alguém. Ficar sentido.

KÁRÍ Suficiente.

KÁÀRỌ̀ Contração de "ku" e "àárọ̀". Bom dia.

KÁÀSÁN Contração de "ku" e "ọ̀sán". Boa tarde.

KÁÀTIJỌ́ Contração de “ku” e “àtijọ́”. Quanto tempo! Saudação a quem não se viu durante longo tempo.

KABA Vestido.

KÁBÀÁMỌ̀ Arrepender-se. Sentir.

KÁBIYÈSÍ Saudação costumeira dada ao rei yorubano para reconhecer seu poder absoluto.

KAÌ Alto lá!, Não faça isso!

KAJÚ Caju.

KÀKÀ Em vez de.

KALAKOLO Um tipo de atabaque.

KÁLÀMÙ Caneta.

KALẸ̀ O mesmo que “alẹ̀”.

KAN Um. Uma. Algum. Alguma.

KÀN **1.** Alcançar. Afetar. Bater (porta). Martelar (prego). Construir. Influir. **2.** Simplesmente.

KÁN EHÍN Quebrar o dente.

KÀN ÌLẸ̀KÙN Bater a porta.

KÀN NÍPÁ Impor. Tornar obrigatório.

KÀN PỌ̀ Acumular. Juntar.

KÀNGÁ Poço.

KÁNJÚ Apressar-se.

KÁNKÁN Pronto.

KÀNNANGÓ Um tipo de tambor.

KÀNRINKAN Bucha.

KANṢOṢO O mesmo que “ọ̀kanṣoṣo”.

KÁPÁ Manejar. Ser capaz de fazer algo.

KÀRÉÈTÀ Máscara.

KÁTAKÀTA Aleatoriamente.

KATAKATA Trator.

KÀWÉ Ler livro ou carta.

KÁWỌ́ Manejar. Controlar. O mesmo que “kápá”.

KÉ Cortar.

KÉ KÚRÒ Cortar. Eliminar.
KÉ KÚRÚ Abreviar.
KÉ SI Chamar. Invocar. Convocar.
KÉBÒSÍ Gritar. Lamentar.
KÉDE Declarar. Admitir.
KÉÉKÈÈKÉÉ Em pedaços.
KÈÉTA Ódio. Adversário.
KEHINSI Virar contra.
KÉKERÉ Pequeno(a). Pouco(a). Miúdo(a).
KÉKERÉ AWO Assistente do sacerdote. Pequeno sábio.
KÉKERÉ IFÁ Assistente do sacerdote de Ifá.
KÉRÉ É pequeno(a). Ser pequeno(a).
KÉRÉ JÙLỌ O menor.
KÉRÉ NÍYE Menos. De pouca quantidade ou qualidade.
KÉRÉ PÚPỌ̀ JÙ Minuto. Ínfimo.
KÉRÉ SÍ Menos (advérbio).
KÈRÈGBÈ Cabaça grande usada para carregar água ou outros líquidos.
KÉRÉJÙ Menos.
KÉRÉSÌMESÌ Natal.
KÉTÉ Logo.
KÉTU Cidade beninense na fronteira com a Nigéria.
KẸ́ Paparicar. Bajular. Adular. Cuidar bem de. Acariciar. Embalar. Elogiar.
KẸ́DÙN Lamentar.
KẸ́GÀN Caluniar. Menosprezar.
KẸ́HÌN Ficar atrás. Vir atrás. Apoiar pelas costas.
KẸ́HÌNDÉ Nome dado ao gêmeo que nasce por último, considerado "o mais velho". Táyéwò (Táyé ou Táíwò) é o que nasce primeiro.
KẸ̀KẸ́ Bicicleta.

KẸ̀LẸ̀BẸ̀ Catarro.
KẸ̀RẸJẸBẸ Imenso(a). Imensamente.
KẸRẸKẸRẸ Seguidamente. Pausadamente.
KẸ́TẸ́KẸ́TẸ́ Burro. Jumento. Jegue.
KẸ́TẸ́KẸ́TẸ́ ONÍLÀ Zebra.
KÍ Cumprimentar. Aclamar. Saudar. Louvar. Visitar.
KÍ O quê? Por quê? Para quê?
KI Conjunção "que".
KÌ LÁYÀ Animar. Encorajar.
KÍAKÍA Já. Depressa. Imediatamente. Rapidamente. Ativamente. Instantaneamente.
KÍGBE Gritar. Chorar.
KÌÍ Não. Não costuma. Nem.
KÍKÁN O mesmo que "kánkán".
KÍKAN Referente ao que é ácido. Acidez.
KÍKANKÍKAN De maneira urgente. Sem cessar.
KÌKÌ Só. Somente.
KÍKỌRIN Ato de cantar.
KÌLỌ̀ Advertir. Dar advertência.
KÌLỌ̀KÌLỌ̀ Advertência. Aviso.
KÍN O quê? Para quê?
KÍN NI O que é?
KINI O quê? O que é? O que é que...?
KÍNÍ DÉ O que aconteceu? O que foi?
KÍNKÍN Muito pouco. Muito baixo.
KÌNNÌÚN Leão.
KIRI Perambular.
KÍÚN Breve.
KÍYAKÍYA O mesmo que "kíakía".
KÍYÈSI Considerar. Marcar. Perceber. Salientar.
KÒ Aspecto da negação. Não. Ex.: Ọba kò so (O rei Xangô não se enforcou).
KÒ Encontrar com. Confrontar.

KÓ Pegar. Juntar. Apanhar. Disciplinar. Levar. Trazer.
KÓ ARA ẸNI NÍ ÌJÁNU Abster-se.
KÓ AṢỌ Costurar.
KÒ Ì Ainda não.
KÒ Ì SÓ Ainda não brotou.
KÓ ILÉ Roubar casa.
KÓ JÁDE Desocupar (casa).
KÓ JỌ Acumular. Ajuntar. Colher. Incorporar. Reunir.
KÒ KÉRÉ Ele(a) não é pequeno(a).
KÒ LÓJÚ Enfrentar.
KÓ NÍ ÌRÍRA Aborrecer.
KÓ PỌ̀ SÍBÌKAN Reunir.
KÒ SÍ Não há. Não tem. Não existe. Não está.
KÒ SÍ ẸNIKAN Ninguém.
KÒ SÓ Não se enforcou.
KÒ ṢE ÈNÌÀ Ele não é gente boa.
KÒ TO Não é bastante. Não é suficiente.
KÓJỌPỌ̀ Agrupar.
KÒKÓ Cacau.
KÒKÒRÒ Inseto.
KÒKÒRÒ OYIN Abelha.
KÓKÓṢẸ̀ Tornozelo.
KÓLÉ Roubar a casa.
KÓLÉKÓLÉ Ladrão. Ladra. Bandido
KÓLÒBÓ Pequena vasilha de barro.
KÓRÈ Ceifar. Colher.
KÓRÌÍRA Abominar. Odiar.
KORÍKO Grama. Gramado. Pastagem.
KÒRÍKÒ Lobo.
KORÒ Amargo(a).
KÓRÓ Caroço. Semente.
KOROBA Balde.
KÒTÒ Buraco. Toca.

KỌ Escrever.
KỌ̀ Recusar. Rejeitar. Negar-se. Objetar. Reclamar.
KỌ́ Construir. Ensinar. Disciplinar. Estudar. Educar. Edificar. Erguer. Apreender.
KỌ ÀKỌSÍLẸ̀ Citar. Escrever. Registrar.
KỌ́ ÀKỌ́SÓRÍ Decorar.
KỌ ẸHIN SI Virar as costas a alguém. Enfrentar. Brigar com alguém.
KỌ Ẹ̀KỌ́ Aprender.
KỌ̀ Ẹ̀KỌ́ Copiar a lição.
KỌ̀ FÚN Recusar-se.
KỌ́ ILÉ Construir casa. Edificar. Erguer casa. Instituir.
KỌ ÌWÉ Escrever.
KỌ ÌWÉ ÌHÁGÚN Testar.
KỌ ÌWÉ MÁJẸ̀MÚ O mesmo que "kọ ìwé ìhágún".
KỌ́ LẸ́KỌ̀Ọ́ Ensinar.
KỌ́ NÍ ẸKỌ Educar. Ensinar.
KỌ NKAN SÍNÚ ÌWÉ ÌRÁNTÍ Registrar.
KỌ OYÈ SÍLẸ̀ Abdicar.
KỌ ORIN O mesmo que "kọrin".
KỌ̀ SÍLẸ̀ Recusar. Isolar. Abnegar. Renunciar.
KỌ SÍNÚ ÌWÉ Anotar.
KỌ SÍNÚ ÌWÉ IRÁNTÍ Registrar. Inscrever.
KỌ́ SÓRÍ Decorar.
KỌ́'LÉ Construir casa.
KỌFÍ Café.
KỌJÁ Passar. Além. Acima. Nas alturas.
KỌJÚ Virar o rosto.
KỌJÚ ÌJÀ SÍ Enfrentar. Pelejar com alguém.
KỌ́KỌ́ Referente ao primeiro ou pioneiro. Ex.: Ní àkọ́kọ́ ("em primeiro lugar").

KỌ́KỌ́RỌ́ Chave.
KỌ̀LỌ̀FÍN Esquina.
KỌ̀LỌ̀KỌ̀LỌ̀ Raposa.
KỌ̀NKỌ̀ Sapo-boi. Rã.
KỌRIN Cantar.
KỌRIN F'ORÌṢÀ Cantar para o orixá.
KỌ̀RỌ̀ Esquina.
KỌSẸ̀ Tropeçar.
KỌ̀SÍLẸ̀ Deixar. Repudiar. Divorciar.
KỌ̀WÉ Escrever. Comunicar.
KỌ̀YÀ Emancipar-se. Contração de "kọ̀" e "ìyà". Rejeitar o sofrimento.
KÙ Sobrar. Permanecer. Faltar.
KU ÀLẸ̀ Cumprimento que significa "boa noite".
KU ÌKÀLẸ̀ Cumprimento que significa "bom descanso" ou "boa estada". Usado para se dirigir a quem estiver sentado, por quem acaba de chegar.
KÙ DÍẸ̀ Falta pouco.
KÙ FẸ́Ẹ́FẸ́Ẹ́ Falta pouco.
KÚ SÍNÚ ODÒ Afogar-se ou ser afogado.
KÚKÚ De fato. De preferência.
KÚKUNDÙNKUN Batata-doce.
KÚKURÚ Breve. Baixinho.
KÚN Abundar. Cheio. Encher.
KÙN **1.** Murmurar. **2.** Pintar.
KÙN SÍNÚ Murmurar.
KÚNLẸ̀ Ajoelhar-se.
KÚRÚ Baixo(a). Curto(a).
KÙTÀ Algo invendável.
KÙTÙ Cedo.
KÙTÙKÙTU Bem cedo. Alvorada. Madrugada.
KÙTÙKÙTÙ ÒWÚRỌ̀ Madrugada.

KÚÙGBÁDÙN Contração de “kú” e “ìgbádùn”. Bom divertimento.

KÚUṢẸ́ Contração de “kú” e “iṣẹ́”. Bom trabalho.

L*l*

L'À Contração de "ni" (ser) e "àwa" (nós). Corresponde a "somos nós".
L'ADÉ Ter a coroa.
L'ÁNÀÁ Contração de "ní" e "àná". Ontem.
L'AṢỌ́ Ter a roupa.
L'Ẹ Contração de "ni" (ser) e "ẹ̀yin" (vocês). Corresponde a "que vocês".
L'ẸBÁ Contração de "ni" e "ẹbá". Perto de. Ao lado de. Próximo a. Na proximidade.
L'Ẹ́HÌN Contração de "ni" e "ẹhìn". Nas costas de. Atrás. Depois.
L'ẸSẸ̀ Contração de "ni" e "ẹsẹ̀". Nos pés de.
L'Ẹ́WÀ Contração de "ni" e "ẹwà". Ter beleza. Bonito(a). Ex.: Obìnrin náà l'ẹ́wà = É uma mulher bonita.
L'ẸYIN O mesmo que "l'ẹ".
L'O Contração de "ni" (ser) e "o" (òun = ele ou ela). Corresponde a "que ele, que ela".
L'ODE Lá fora. Na rua. Na praça.
L'ODÒ 1. Contração de "ni" e "odò". No rio. **2.** Contração de "lọ́" e "odò". Ir para o rio.
L'ODÓ Contração de "ni" e "odó". No pilão.
L'OGÚN 1. Contração de "ni" e "ogún". Na guerra. **2.** Contração de "lọ́" e "ogún". Ir para a guerra.
L'OKÈ Contração de "ni" e "okè". No alto. No topo. Em cima de. No outro lado. Na montanha.
L'OKERÈ Contração de "ni" e "okerè". Lá longe. Bem longe. De longe.
L'OLOHÙN Ter dono.
L'ONI Hoje. No dia de hoje.
L'ÓRI Contração de "ní" e "orí". Na cabeça.
L'ÓRU Contração de "ní" e "òru". Na calada da noite.

L'OUN Contração de "ní" e "òun". É o que ele é.

L'OWO 1. Contração de "ní" e "owo". Ter dinheiro. **2.** Contração de "le" e "owo". Correr atrás de dinheiro.

L'ỌDỌ̀ Junto com. Ao lado de. No lugar de. Perto de.

L'Ọ́GBỌ́N Contração de "ní" e "ọgbọ́n". Ter sabedoria. Esperto.

L'Ọ́LA Contração de "ní" e "ọlá". Ter fortuna.

LÁ Lamber (mel ou sopa).

LÀ 1. Ser ou estar salvo. Escapar. **2.** Aparecer (o sol). **3.** Enriquecer. Prosperar. Ter fortuna. **4.** Abrir. Partilhar. Dividir. Rasgar.

LÀ WẸ́WẸ́ Dividir.

LÀÁARE Tem que partilhar bem.

LÁÀÁRIN Durante. Entre. No meio de.

LÀÁGÙN Suar.

LÀÁLÀÁ Problemas. Dificuldades.

LABALÁBA Borboleta.

LÁBẸ́ Sob. Abaixo.

LÀDÍ Explicar. Provar. Resolver. Demonstrar.

LÁFUN Farinha fina de mandioca.

LÁGBÁJÁ Fulano.

LÁGBÁRA Referente a quem ou o que é forte. Sadio. Sólido.

LAGIDIGBA Colar votivo de Omolu feito com pequenas rodelas de chifre de búfalo ou casca das nozes do dendê e contas coloridas.

LÁGÍDÒ Apelido de macaco.

LÁÌ Sem. Prefixo usado para expressar o contrário.

LÁÌDÁJÚ Incerto.

LÁÌDÁNILÓJÚ Incerto.
LÁÌDẸ̀ Imatura (fruta). Sem dar trégua.
LÁÌDÚRÓ NÍBÌKAN Irrequieto.
LÁÌLÁÀBÒ Desprotegido.
LÁÌLÁBÙKÙ Puro. Perfeito. Sem mácula.
LÁÌLÁGBÁRA Fraco(a).
LÁILÁI Eternamente. Para sempre. Nunca.
LÁÌLÈ ṢÌNÀ Incorruptível.
LÁÌLÈ ṢÌṢE Infalível.
LÁÌLÈGBẸ́KẸ́LÉ Precário. Inconsistente.
LÁÌLERA Enfermo. Doente.
LÁÌLẸ́GBẸ́ Único. Única. Incomparável.
LÁÌLẸ́NIKEJÌ Solitário.
LÁÌLẸ́SẸ̀ NÍLẸ̀ Infundado. Vago.
LÁÌLÍNKÀ Inúmeros.
LÁÌLỌ́JỌ́ LÓRÍ Menor (de idade).
LÁÌNÍ OLÙGBÉ Vago. Desocupado (casa).
LÁÌNÍLÁRÍ Inútil. Sem valor.
LÁÌNÍPÁ Nulo. Impotente.
LÁÌNÍṢÒRO Sem dificuldade.
LÁÌPẸ́ Logo. Já.
LÁÌPỌ́N O mesmo que "láìdẹ̀".
LÁÌRETÍ O mesmo que "lójijì".
LÁÌRÒTẸ́LẸ̀ O mesmo que "lójijì".
LÁÌSÍ Sem.
LÁÌṢÒRO Fácil.
LÁÌWỌ BÀTÀ Descalço.
LÁLÀÁ Sonhar.
LANGBE Milho verde cozido.
LÀPÁLÀPÁ Doença de pele. Sarna.
LÁSÁN Vão. Inútil.
LÁSÁNLÀSÀN Completamente inútil.
LATI De (preposição).

LÁTI Desde.
LÁTI ÌHÀ KAN SÍ ÈKEJÌ De um lado para outro.
LATI ỌWỌ Por. Elaborado por (livro).
LATI PA Para matar. De matar.
LÁYÀ Referente ao que é valente. Corajoso.
LÈ Podemos. Podem. Poder.
LÉ 1. Caçar. **2.** Mais. **3.** Prefixo para designar o que está na superfície. Sobre. Ex.: léfòó (boiar), lékè (ficar em primeiro lugar).
LE Duro. Forte. Firme. Sólido.
LÉ LỌ Espantar. Afastar.
LÉFÒÓ Nadar. Boiar.
LÉKÈ Vencer.
LÈPÈ Agourento.
LERA Referente a saúde.
LÉRÈ Útil. Lucrativo.
LETUS Alface.
LÉWU Referente ao que é mau. Precário. Perigoso.
LẸ Referente a preguiçoso.
LẸ MỌ́ Apegar. Pegar.
LẸ PA Selar.
LẸ́BÀÁ Perto de. Ao lado de.
LẸ́Ẹ̀KAN SI Novamente. Mais uma vez.
LẸ́Ẹ̀KEJÌ De novo. Pela segunda vez.
(Ẹ)LẸGBARA Nome atribuído a Exu, que significa "o dono do poder" ou "o senhor do poder".
LẸ́HÌN Depois. Detrás. Atrás.
LẸ́HÌN ÈYI Depois disto.
LẸ́HÌN NÁÀ Depois.
LẸKAN SI Novamente.
LẸ̀MỌ́ Grudar. Aderir.
LẸ́RAN LÁRA Gordo(a).

LẸ́SẸ̀ LÁSÁN O mesmo que "láìwọ bàtà".
LẸ́SẸ̀ ÒFÌFO O mesmo que "láìwọ bàtà".
LẸ́WÀ Referente ao que é formoso. Lindo.
LÍLẸ̀MỌ́ Ato ou efeito de ficar grudado, grudar.
LILÒ Ato ou efeito de usar. Para ser utilizado.
LÓ Corresponde a Ele + Verbo. Ex.: Ló bá jókòó ("aí ele se sentou").
LÒ Usar. Utilizar. Tratar.
LÒ NÍ ÌFẸ́KÚFẸ̀Ẹ́ Prostituir.
LÒ NÍLÒKULÒ Abusar.
LÒ TÁN Gastar.
LÓDE Fora.
LÒDÌ Adverso.
LÒDÌ SÍ Ficar contra.
LÓDODO Contração de "ní" e "òdodo". Na verdade.
LÓFO Contração de "ní" e "òfo". Em vão.
LÒGBÓ Gastar.
LÓJIJÌ Contração de "ní" e "òjijì". Acidentalmente. Repentinamente. Subitamente.
LÓJÚKANNÁÀ No mesmo instante.
LÓJÚKOJÚ Cara a cara. Abertamente.
LÓKÈ Acima.
LÓMI Molhado.
LÓNI Hoje.
LÓRÍ Sobre. Acima.
LOROGÚN Ritual que representa a ida dos orixás para a guerra. Corresponde ao período de recesso dos candomblés na época da Quaresma.
LÓṢÒÓ Abaixar. Acocorar-se.
LÓWÓ Contração de "ní" e "owó". Ter dinheiro. Ficar rico.
LOYE Compreender.

LỌ Ir.
LỌ̀ Afiar. Moer.
LỌ́ Torcer.
LỌ DÉÉDÉÉ FÚN Prosperar.
LỌ KÚRÒ Desocupar. Partir. Sair.
LỌ NÍGBÀGBOGBO Frequentar.
LỌ́ PỌ̀ O mesmo que "lọ́".
LỌ ṢÁÁJÚ Preceder.
LỌ SÍWÁJÚ Desenvolver. Desenvolvimento. Proceder.
LỌ SÓKÈ Ascender.
LỌ́DỌ̀ Com (preposição).
LỌGÁN Logo. Já.
LỌGUN Gritar.
LỌ́HÙN-ÚN Aí. Ali. Acolá. Lá.
LỌ́LÀ Amanhã.
LỌ́LÙ Complicar.
LỌ́RA Atrasar. Hesitar. Devagar. Tardar. Tardio.
LỌ́RỌ̀ Ficar rico.
LỌSÍWÁJÚ Adiantar. Avançar. Seguir. Fazer progresso.
LỌ́WỌ́LỌ́WỌ́ No momento atual. Agorinha.
LU Furar. Perfurar.
LÚ Adulterar.
LÙ Soar. Tocar. Bater (tambor).
LÙ BÍ AGOGO Badalar. Tocar o sino.
LÙ NI ÒNTẸ̀ Selar.
LÙ PA Matar.
LÚWẸ̀Ẹ́ Nadar.

M*m*

M'ARE 1. Contração de "mu" e "àre". Escolher o justo, o certo. **2.** Contração de "mọ" e "àre". Reconhecer o justo, o certo.

M'AWỌN Com eles. Junto a eles.

M'È Contração de "èmì" e "kò". Eu não.

M'ÉFÒ Duvidar.

M'Ẹ̀MU Contração de "mu" e "ẹ́mu". Beber vinho.

M'Ẹ́NU MỌ́ Ficar calado(a).

M'Ẹ̀ṢẸ̀ Contração de "mọ̀" e "ẹ̀ṣẹ̀". Reconhecer o erro ou pecado.

M'ORE Contração de "mọ̀" e "ore". Conhecer. Reconhecer favor ou bondade.

M'ORÒ 1. Contração de "mọ̀" e "orò". Conhecer o fundamento, o culto. **2.** Contração de "mu" e "orò". Segurar o fundamento, o culto.

MÁ 1. Não (imperativo). **2.** Partícula que antecede o verbo para dar ideia de proibição ou negação.

MÀ Devidamente. Definitivamente.

MÁ A Corresponde a "costuma + infinitivo".

MÁ BẸ̀RÙ Não tenha medo.

MÁ RÀ Á Não o(a) compre.

MÁ ṢI I Não o(a) abra.

MÁA Vai.

MÁA RỌRA Vá com cuidado. Vá devagar. Vá com calma.

MÁJÈLÉ Veneno.

MÀLÉKÀ Anjo.

MALẸ̀ Forma alternativa de escrever "imọlẹ̀". Outro nome dos orixás.

MÀLÚÙ Boi. Vaca.

MÁMÀ Não. Não deve. Não se atreva.

MÀRÌWÒ Folhas novas e tenras do dendezeiro desfiadas e utilizadas em rituais como elemento de proteção.
MÁṢE Não.
MBẸ Existir. Estar. Está. Haver. Ser.
MBỌ̀ Está vindo.
MÉLÒÓ Quanto(a). Quantos(as).
MÉJÈÈJÌ Ambos.
MẸ́NUKÀN Expor. Referir. Abordar. Citar.
MI 1. Contração do possessivo "tèmi". Meu. Minha. **2.** Contração do pronome pessoal "èmi". Eu. Me. Mim. **3.** Cutucar. Tocar.
MÌ 1. Absolver. Agitar. Balançar. Sacudir. Tremer. **2.** Engolir. Ingerir.
MÍ KÁNKÁN Respiração ofegante.
MÌÍRÀN Outros. Outras.
MIKÀN Suspirar.
MÍLÍÌKÌ Leite.
MÍMÌ Agitação. Tremor.
MÍMỌ Limpo(a). Sagrado(a). Santificado(a).
MÍMỌ OWÓ TỌ́JÚ Ato ou efeito de saber fazer economia.
MÍMU Bebível.
MÍMÚ Acidez. Ácido.
MÍMÚ BÍNÚ Provocar aborrecimento no outro.
MÍMÚ KÚRÒ Afastamento.
MO Alternativa ao pronome "èmi". Eu.
MO BẸ̀ Ẹ́ Eu o(a) imploro(ei).
MO BẸ̀ YÍN Eu os(as) imploro(ei).
MO GBỌ́ Eu ouvi. Eu escuto(ei).
MO JÁDE Eu saio. Eu saí.
MO JÚBÀ Peço a bênção. Reverencio. Faço reverência.
MO KÍ Ọ Eu o(a) cumprimento(ei).

MO MBỌ̀ Eu estou vindo.
MO N SỌ̀RỌ̀ Eu estou falando.
MỌ̀Ọ̀KÙN Mergulhar.
MỌ́ Clarear. Brilhar. Ficar limpo. Puro.
MỌ Construir. Fabricar. Fazer. Modelar.
MỌ́ O mesmo que "má".
MỌ̀ Saber. Conhecer. Entender. Reconhecer. Sentir. Apreender. Compreender. Resolver. Perceber.
MỌ̀ LÁRA Sentir.
MỌ́ LARA Acostumar.
MỌ́ Ọ́ O mesmo que "má a".
MỌ́ TÓTÓ Limpo.
MỌ̀ YÀTỌ̀ Distinguir.
MỌ́INMỌ́IN Abará, tipo de bolo.
MỌ́JU Até amanhecer.
MỌ́JÚ Mostrar desprezo por alguém.
MỌ́LẸ̀ Clarear. Iluminar.
MỌ́MỌ̀ Não. Nunca. Não deve. O mesmo que "mámà".
MỌ́N Clarear. Ficar limpo. Amanhecer.
MỌ̀N Saber. Conhecer. Reconhecer. Entender.
MỌ́NGÒRÒ Manga (fruto).
MỌNJÈLÉ Veneno.
MỌ́NJỌ̀LỌ̀ Coral. Conta de terracota.
MỌ́TÒ Carro.
MÚ Afiado. Amolado. Aguçado. Aparado. Pegar. Levar.
MU Beber. Fumar. Sugar. Chupar. Tomar.
MÙ Desaparecer. Afundar. Perder-se. Ir ao fundo.
MÚ ARA RÓ Abster-se.
MÚ BÁ DỌ́GBA Adaptar.
MÚ BÍNÚ Aborrecer. Perturbar. Vexar. Incomodar. Zangar.

MÚ BỌ SÍPÒ Reparar.
MÚ DÁJÚ Assegurar.
MÚ DÁKẸ Embalar. Acalmar.
MÚ DÁRA SI Melhorar. Reparar.
MÚ DẸRA Acomodar.
MÚ DÙN Adoçar.
MÚ DÚN Badalar.
MÚ GBẸ Enxugar.
MÚ GBÓNÁ Aquecer. Esquentar.
MÚ ÌDÓGBA KÚRÒ Desempatar.
MÚ JÓKÒÓ Fazer sentar.
MÚ ÌRẸWẸSÌ BÁ Desanimar. Desestimular.
MÚ ÌYỌNU BÁ Atrapalhar. Prejudicar.
MÚ JÁDE Criar. Produzir. Tirar.
MÚ KỌSẸ Induzir ao erro.
MÚ KÚN Suprir. Encher.
MÚ KÚRÒ Abolir. Abstrair. Afastar. Anular. Destacar. Eliminar.
MÚ KÚRÒ NÍNÚ ÀPÒ Desembolsar. Tirar do bolso.
MÚ LÁRA DÁ Curar.
MÚ LÁRA YÁ Distrair. Divertir.
MÚ LÒ Utilizar.
MÚ LỌ Levar. Encaminhar.
MÚ LỌ SÍWÁJÚ Acelerar.
MÚ LỌ́KÀN Afetar.
MÚ LỌ́KÀN LE Animar.
MÚ MỌ̀ Apresentar. Acompanhar.
MÚ NÍ INÚ DÙN Alegrar. Animar.
MÚ NÍPÁ Obrigar.
MÚ PADÀ Devolver. Deportar.
MU SÌGÁ Fumar.
MÚ SỌJÍ Despertar.
MU OMI Beber (água).

MU ỌTÍ Beber (bebida alcoólica).
MÚ PADÀ Devolver. Restituir.
MÚ PADÀ SÍPÒ Repor.
MÚ PỌ̀ SI Acrescentar. Aumentar.
MÚ RÍ BÁKANNÁÀ Empatar.
MÚ RỌ̀ Melhorar. Amolecer.
MÚ SÀN Melhorar. Reparar. Curar
MÚ ṢE Causar. Desempenhar. Realizar. Cumprir.
MÚ ṢÉ NKAN Influir.
MÚ WÁ Trazer.
MÚ YÁRA Apressar.
MÚ YÉ Qualificar. Tornar. Habilitar.
MÚ YẸ Adaptar. Honrar.
MÚ YỌ̀ Alegrar.
MÙDÙNMÚDÙN Miolo.
MÚLÁRADÁ Curar.
MUMI O mesmo que "mu omi".
MÚNÁ Incendiar. Pegar fogo.
MÚRA Preparar-se.
MÚRA GÍRÍ Ficar disposto a fazer algo.
MÚRA SI Cumprir com dedicação. Afinco.
MÚRA SÍLẸ̀ Ficar em estado de preparação.
MÚRA SÍLẸ̀ DÈ Aguardar.
MÚRA TÁN Ficar pronto.
MÚRA TẸ́LẸ̀ Preparar-se de antemão.
MURO Erguer. Sustentar. Fazer ficar em pé.
MUTÁN Absorver (líquido).
MÚWÁ Trazer. Pegar e trazer. Produzir.

Nn

N'ÁWÓ O mesmo que "ná owó".

N'IBÀ Contração de "ní" e "ìbà". Ter a bênção.

N'IFÁ Contração de "ní" e "Ifá". Ter ou possuir Ifá.

N'IGBÀ No tempo. Na época.

N'IGBẸ̀HÌN Ao fim. No final.

N'ILÉ Em casa. No lar.

N'ILÉ'WA Em nossa casa.

N'ITA Na rua. Na praça. Lá fora.

NÀ **1.** Estender (ẹní, aṣọ). **2.** Bater, castigar (criança).

NÁ Desembolsar. Gastar. Negociar

NÀ BÒ Cobrir alguém ou alguma coisa com um tecido. Vestir.

NÁ OWÓ Desembolsar dinheiro. Gastar.

NÁÀ O(a), mesmo(a), aquele(a), próprio(a). Também.

NÀGÓ O mesmo que "ànàgó".

NAHÙN Chamar.

NÀNÁ Nanã. Divindade feminina ligada à fertilidade e associada à lama e à morte.

NÀRÓ Levantar-se.

NÁWỌ́ Contração de "ná ọwọ́". Estender a mão. Ajudar. Apoiar.

NBẸ́ Existir. Estar. Haver.

NBỌ Referente ao culto. Adoração ou veneração de uma entidade.

NBỌ̀ Voltando. Retornando. Chegando.

NDAO Contração de "o", "dára" e "o". Está bem, já entendi. Estou de acordo.

NDÁÙN Está respondendo. Está presente.

NFẸ́ Querendo. Desejando. Precisando.

NG Eu.

NGỌ́ Escondendo-se.

'NÍ Possuindo. Tendo.

NI Ser. Estar. Ex.: oun ni (é ele).

NÍ 1. Ter. Possuir. Conseguir. **2.** Em. Por.

NÍ ABẸ́ Abaixo. Debaixo. Embaixo de

NÍ ÀKÓKÓ Durante. Na hora certa.

NÍ ÀKÓKÓ NÁÀ Então. Naquele momento.

NÍ ÀKÓKÓ YÌÍ Neste momento.

NÍ ÀKÓPỌ̀ Junto. Resumindo.

NÍ ÀKÓTÁN Finalmente. Resumindo.

NÍ ÀNÁ Ontem.

NÍ ARA DÍDÁ Inteiro.

NÍ ÀYÈ FÚN Caber.

NÍ ÀYÍKÁ Cerca de.

NÍ AYỌ̀ Estar feliz.

NÍ EBI Estar com fome. Em yorùbá correto se diz "ebi npa mí".

NÍ ÈÉRÍ Estar sujo(a).

NÍ ẸGBẸ́ Junto a. Ao lado de.

NÍ ÌBẸ̀RẸ̀ No início.

NÍ ÌFẸ́ Gostar de.

NÍ ÌFẸ́ GBÍGBÓNÁ SÍ Estar apaixonado por alguém.

NÍ ÌFẸ́ SÍ Amar.

NÍ ÌGBÀ Durante.

NÍ ÌGBÀ NÁÀ Então.

NÍ ÌGBÀA NÌ Então. Naquela época.

NÍ ÌKẸ́ Ter carinho.

NÍ ÌKỌJÁ Além.

NÍ ÌMẸ́LẸ́ Preguiçoso.

NÍ ÌNIRA Agonizar. Ter dificuldades.

NÍ INÚDÍDÙN Abençoado. Alegrar-se. Desfrutar. Feliz.

NÍ INÚDÍDÙN SÍ Gostar. Apreciar.
NÍ ÌRÒNÚ Sério.
NÍ IRÚ Tão.
NÍ IRÚ IPÒ Estar em situação semelhante.
NÍ IRÚ ÌRÍ Ter experiência semelhante.
NÍ ÌSÀLẸ̀ Abaixo. Embaixo.
NÍ ÌTỌ́WÒ Provar (comida).
NÍ ÌWÀ PẸ̀LẸ́ Manso.
NÍ KÁNJÚKÁNJÚ Urgente.
NÍ KÉTÉ Logo.
NI KÙTÙKÙTÙ Cedo.
NÍ LÁTI Dever.
NÍ NÍNÚ Conter.
NÍ OHÙN KAN Unânime.
NÍ OJÚ OORUN Enquanto está dormindo.
NÍ ÒNGBẸ Estar com sede. No yorùbá correto se diz "òngbẹ ngbẹ mí".
NÍ OORU Estar com calor. No yorùbá correto se diz "ooru mú mí"
NI ÒÓRÙN Cheirar.
NÍ ORÍ IRE Afortunado.
NÍ ÒTÚTÙ Estar com frio. No yorùbá correto se diz "otútù mú mí".
NÍ ỌBÙN Pessoa suja. Falta de higiene.
NÍ ỌLA Amanhã.
NÍ ỌNÀ WO Como?
NÍ ỌWỌ̀ Ser respeitado. Merecer respeito.
NÍ TÒSÍ Cerca de. Perto. Próximo.
NÍBẸ̀ NÁÀ Aí. Ali. Acolá.
NÍBẸ̀ YẸN Aí. Lá. Ali. Acolá.
NÍBÍ Aqui. Cá.
NÍBI TÍ Enquanto.
NÍBO Onde?

NÍGBÀ KAN Era uma vez... Fórmula usada na abertura de contos cantados yorubanos.
NÍGBA TÍ Quando.
NÍGBÀ WO Quando?
NIGBANA Então.
NÍGBẸ̀HÌN Ao fim e ao cabo. Enfim. No final.
NÍHÀ Ọ̀HÚN Do lado de lá.
NÍHÌN ÍN Cá. Aqui.
NÍHÒHÒ Nu(a).
NÍÍ Partícula adverbial que significa "costuma". Ex.: Adìẹ baba mi kan, owó níí jẹ kìí jẹ àgbàdo (Havia uma galinha dos meus ancestrais, só costumava comer dinheiro, nunca comia grãos).
NÍKÀ Referente a uma pessoa cruel. Mau, má. Malvado(a).
NÍKAN Só. Somente. Sozinho(a). Apenas.
NÍKAN WÀ Só.
NÍKANṢOṢO Só. Somente.
NÍLÁRÍ Útil. Produtivo(a).
NÍLÁTI Precisar. É obrigatório.
NÍLÉ Em casa.
NÍLẸ̀ Na terra. No chão.
NÍLÒ Necessitar.
NINI Disponibilidade. Possibilidade.
NINI INU DIDUN SÍ Ter afeto por alguém ou alguma coisa.
NÍNÚ Em. Dentro. Entre.
NÍNÚ ÈYÍ Nisso. Nisto.
NÍPA Sobre. Através. Mediante. Por. Referente a.
NÍPÁ Ter força. Ter possibilidades.
NÍPA TI Sobre. A respeito de.
NIPARI Enfim. Finalmente.
NÍPASẸ̀ Através. Mediante. Por. Sobre.

NIRA Difícil. Duro. Complicado.
NÍRAN Lembrar.
NÍRẸ̀LẸ̀ Humilde.
NÍRUN Ter cabelo.
NÍSÀLẸ̀ Embaixo. Debaixo. Debaixo de. Sob.
NÍSISÌYÌ Agora. Já. Logo.
NÍSISÌYÍ KỌ́ Ainda não.
NÍTORÍ Porque. Pois.
NITORÍ ÌDÍ ÈYÍ Portanto.
NÍTORÍ NÁÀ Portanto.
NÍTORÍ PÉ Porque.
NÍTORÍ TÍ Pois.
NÍTORÍNÁÀ Assim. Portanto. Daí.
NÍTORÍPÉ Porque.
NÍTÒSÍ Perto.
NÍTÒYÈ Digno.
NÍWÀ PẸ̀LẸ́ Ser gente boa. Pessoa mansa.
NÍWÁJÚ Em frente. Adiante. Além. Ante.
NÍYELÓRÍ Valioso. Precioso.
NÍYÈMÉJÌ Incrédulo. Duvidoso.
NJẸ́ Será que...?
NKAN Coisa. Algo.
NKAN DÍẸ̀ Algum.
NKAN KAN Alguma coisa.
NKAN TÍ Ó ṢẸLẸ̀ Fato.
NKANKAN Algo.
NKỌ́ Como está? Onde está? Cadê?
NLÁ Grande. Imenso. Vasto. Enorme. Maior.
NLÁNLÁ Muito grande.
NLỌ́ Indo embora. Partindo.
NMỌ Clareando. Aparecendo.
NỌ̀GÀ Estender.
NỌ́MBÀ Número.

NỌ́MBA Vacina.
NRÉ Indo (termo arcaico).
NRÉLÉ Contração de “nré” e “ilé”. Indo para casa (eufemismo usado no axexê para dizer que a pessoa está partindo definitivamente para a casa celeste).
NSỌ̀RỌ̀ Falando. Dizendo.
NSÙN Estar dormindo.
NṢIRE Brincando. Festejando. Celebrando (candomblé).
NṢÓ Vá que te sigo. Vá em frente.
NTỌ́ **1.** Seguindo. Indo atrás. **2.** Urinando.
NÙ Limpar. Enxugar. Apagar.
NÙ KÚRÒ Tirar. Enxugar (lágrima).
NWÒ Olhando. Assistindo. Observando.
(N)WỌN Eles.
(N)YIN Vós. Vosso. Vossa. Vocês.
(N)YÍN Seus. Suas.

Oo

O 1. O mesmo que "yio". **2.** O mesmo que "ìwọ". Você. Tu.
Ò Contração do negativo "kò". Não.
Ó O mesmo que "òun". Ele. Ela.
O! Interjeição: oh!
Ó DÁÀRỌ̀ Até amanhã.
Ó DÀBỌ̀ Até logo. Até a volta. Adeus.
O DARA Ser ou estar bem. Bonito. Excelente. Lindo. Maravilhoso.
Ó DI GBÉRÉ Adeus.
O DI ỌLA Até amanhã.
O DÌGBÓṢE Adeus.
O DỌ̀LA O mesmo que "o di ọ̀la".
O ṢEUN Obrigado(a).
Ó TÌ Não.
Ó TI TÓ Basta.
Ó TÓ Basta.
ÒBEBE Nome atribuído à divindade Exu. Aquele que está à margem.
ÒBÍ Os pais.
OBÌ Semente da planta cola. Cola africana. Coleira (*Cola acuminata*, utilizada como instrumento oracular no culto aos orixás.)
OBÌ ÀBÀTÀ Semente que possui de três a nove divisões.
OBÌ GBÀNJA Semente que possui apenas duas divisões ou gomos.
OBÌ IFIN Semente branca.
OBÌPA Semente vermelha.
OBÌNRIN Moça. Mulher. Fêmea. Feminino.
OBÌNRIN TÍ ỌKỌ RẸ̀ ṢE ÀISÍ Viúva.
OBÌNRIN'ṢÀ Orixá feminino. Divindade feminina.

ÒBÒ Vagina.
ÓBÚKỌ Bode. Cabrito.
ODÁ Bode castrado.
ÒDE Rua. Praça. Passeio.
ODI **1.** Fronteira. **2.** Mudo.
ODÍDẸ Nome dado ao papagaio africano cuja cauda possui penas vermelhas. O mesmo que ìkódidẹ.
ODIDẸRẸ O mesmo que "odídẹ".
ODIDI Inteiro.
ÒDO Zero.
ODÒ Rio. Riacho. Cachoeira. Ribeira.
ODÓ Pilão.
ÒDODO Justiça. Verdade.
ÒDÒDÓ Flor.
ODÙ Signos do oráculo de Ifá que determinam as mensagens que serão interpretadas pelo bàbáláwo. Nome dos 16 livros principais de Ifá (Ojú Odù), cada um se dividindo ainda em 16 Odùs (textos) menores que se subdividem ainda em mais de oitocentos subtextos para formar o compêndio oracular yorubano. *Ver* Abimbola, W.
ODÙ LÓGBÓJE Importante divindade cultuada pelos bàbáláwos, que segundo a mitologia nàgó recebeu de Olodumaré uma cabaça contendo um pássaro que lhe outorgava poder sobre os demais orixás. Foi a primeira mulher a vir ao mundo juntamente com Ogum e Obatalá. É também a representação deificada das mães ancestrais (Ìyámi), princípio feminino de onde se originou o mundo.
ODÙDÚÀ O mesmo que "Odùduwà"
ODÙDÚWÀ Odudua. Fonte geradora de vida. Maior divindade yorubana. Filho de Olódúmaré, fundador da cidade de Ilé-Ifẹ̀.

ÒDÙNKÚN Batata-doce.
ÒFIN Lei. Mandamento. Direito. Norma.
ÒFIFO Nada. Nulo. Vazio. Zero.
ÒFÓFÓ Fofocas. Intrigas.
ÒFURUFÚ Atmosfera. Espaço celeste. Ar divino.
OGBÓ Velhice.
ÒGÈDÈ Encantamento. Textos ou fórmulas mágicas usadas para conjurar.
ÒGIRI Parede. Cerca. Muro.
ÒGO Glória. Honra. Fama. Esplendor.
ÒGÓGÓRÓ Aguardente. Cachaça.
OGUN Batalha. Briga. Guerra. Luta.
OGÚN Herança.
ÒGÚN Ogum. Orixá patrono da lavoura, dos barbeiros, da guerra e de tudo que utiliza o ferro. Um dos principais orixás do panteão yorubano.
ÒGÚNFE Cabra. Cabrito.
OHÙN Voz. Linguagem.
OHUN Coisa. Alguma coisa. Algo.
OHUN ÀFOJÚSI Propósito.
OHUN ÈLÒ Aparelho. Ferragem. Ingrediente. Órgão.
OHUN ÈLÒ ÌKỌ̀WÉ Lápis. Caneta.
OHUN ÈLÒ OGUN Arma.
OHUN GBOGBO Tudo.
OHUN ÌBÀNÍNÚJẸ́ Coisa triste.
OHUN IDÁNÁ Fogão. Materiais ou ferramentas para cozinhar.
OHUN ÌDÌGBÒLÙ Objeto de luta. Guerra. Briga. Peleja.
OHUN ÌGBẸ́KẸ̀LÉ Recurso.
OHUN ÌJÀ Arma.
OHUN ÌKẸ́RÙ Veículo para carregar coisas.

OHUN ÌKỌ̀WÉ Lápis. Caneta. Material escolar.
OHUN ÌRÍRA Abominação.
OHUN ÌṢIRÉ Brinquedo.
OHUN ÌYANU NLÁ Façanha. Milagre.
OHUN KAN Algo.
OHUN PÀTÀKÌ Ponto. Coisa importante.
OHUN TÍ Aquilo que.
OHUN TÍ A DÁWỌ́LÉ Obra. Projeto.
OHUN TÍ A RÀ Compra. Aquilo que foi comprado.
OHUN TÍ A ṢE LÁÌRÒTẸ́LẸ̀ Algo feito de repente.
OHUN TÍ Ó ṢẸLẸ̀ Acontecimento.
OHUN TÍ Ó ṢẸLẸ̀ LÓJIJI Aquilo que aconteceu de repente.
OHUN TI Ó NÍ ÌTÚMỌ̀ Palavra. Ato significativo.
OHUN TÚTÙ FÚN MÍMU Refresco.
OHUN WÍWỌ̀ Traje.
ÒJÉ Chumbo.
ÒJIJÌ Súbito. De repente.
ÒJÍṢẸ́ Mensageiro(a).
ÒJÍṢẸ́ ẸBỌ Entregador de oferendas e sacrifícios.
ÒJÍṢẸ́ ẸBỌRA Mensageiro dos orixás (ẹbọra).
ÒJÒ Chuva.
ÒJÒ DÍDÌ O mesmo que "yìnyín".
ÒJÓ RỌ̀ Choveu.
ÒJÒ WÍNNÍWÍNNÍ Garoa.
ÒJÒGÁN Escorpião. O mesmo que "àkéekée".
OJÒÓJÚMỌ́ Todos os dias.
ÒJOWÚ Invejoso. Ciumento.
OJÚ Olhos. Vista. Face. Rosto. Abertura.

OJÚ AFẸ́FẸ́ O mesmo que “fèrèsé”.

OJÚ AIYÉ Olhos do mundo. Olhos da terra.

OJÚ TÓ L’ẸWA Olhos bonitos.

OJÚ LÍLÀ Cultura geral. Pode significar tanto “civilização” como “modernidade”.

OJÚ ỌBA Título atribuído a alguns iniciados de Xangô que significa “olhos do rei”.

OJÚ ỌNÀ Avenida. Estrada. Caminho.

OJÚ ỌRUN Céu. Firmamento.

OJÚ RERE Graça. Favor.

OJÚ SÁNMÀ Céu. Firmamento.

OJÚBỌ Assentamento. Lugar de adoração onde ficam os objetos rituais do orixá.

OJÚDE Rua.

OJÚKÒKÒRÒ Olho grande. Inveja. Cobiça. Avareza.

OJÚLAFẸ́NI Amigo falso. Amigo da onça.

OJÚLÓWÓ Tradicional. Real. Original.

OJÚMỌ́ Alvorada. Dia.

OJÚMỌ́ MỌ Luz do dia.

OJÚORÙN Disco solar.

OJÚRERE Favor. Graça.

ÒKÈ Montanha. Colina. Cume. Topo. Alto. Sobre. Cima. Morro.

ÒKÈ GÍGA Montanha.

ÒKÈ KÉKERÉ Morro.

ÒKÈ ÒKUN Além-mar.

ÒKÈ ỌRUN Céu. Espaço celeste.

ÒKÈÉRÈ Muito longe. Longa distância.

ÒKÉTÈ Pacote.

ÒKÉTÉ Uma espécie de rato silvestre de grande tamanho.

ÒKÌKÍ 1. Renome. **2.** Ruído. Barulho.

OKO Sítio. Fazenda. Plantação.
OKÓ Pênis.
OKO ẸRÚ Escravatura.
ÒKÚ Morto.
OKÙN Corda. Barbante. Linha. Fio.
ÒKUN Oceano. Mar. Praia.
OKÙN TÍNRÍN Linha.
ÒKÙNKÙN Escuridão.
ÒKÙNRÙN Doença.
OKÚTA Pedra.
ÒKÚTA WẸ́WẸ́ Pedras pequenas.
OLÈ 1. Gato. **2.** Ladrão. Ladra.
OLÓDODO Justo.
OLÓDÙMARÈ Olodumaré. O mesmo que Olorum. Um dos nomes atribuídos ao Deus supremo.
OLÓGBÒ Gato.
OLÓGBÒ ẸHÀNNÀ Onça. Gato selvagem.
OLÓGUN 1. Guerreiro. Lutador. **3.** Título tradicional do rei de Onim ou Èkó. **4.** O mesmo que Lagos, primeira capital da Nigéria.
OLÓHÙN O senhor da voz. Dono da voz. Aquele que tem voz.
OLOJÚKÒKÒRÒ Pessoa invejosa. Aquele que tem olho grande.
OLÓKO Fazendeiro(a). Dono(a) do sítio ou fazenda.
OLOKUN Divindade dos oceanos.
OLÓKÙNRÙN Doente.
OLÓMI Aquele(a) que possui água. Dono(a) da água.
OLÓÒRE Benfeitor(a).
OLÓÓTỌ́ Honesto.
OLÓRÍ Cabeça. Chefe. Mestre. Dono(a) da cabeça. Gerente. Principal.

OLÓRI OGUN O mesmo que "olorogún" ou "olórigun". Chefe da guerra. Comandante dos guerreiros.
OLÓRIN O mesmo que "akọrin".
OLÓRÌṢÀ Iniciado. Aquele(a) que possui orixá.
OLOROGÚN Rival. Adversário.
OLÓRÚKỌ ẸNI Xará.
OLÓTÌÍTỌ́ Justo.
OLÓWÓ Rico. Aquele(a) que tem dinheiro.
OLÓYÈ Aquele(a) que possui cargo honorífico dentro de uma sociedade. Dignitário.
OLÚ Senhor(a). Dono(a). Chefe. Principal.
OLÚ ÌLÚ Capital.
OLÚAIYÉ Senhor do mundo.
OLÚBÀJẸ Festa em honra a Ọbalúaiyé, onde todos são convidados a comer com as mãos, em respeito e submissão ao orixá.
OLÙBẸ̀WÒ Inspetor. Fiscal.
OLÙFẸ́ Amor. Querido(a). Namorado(a). Amante.
OLÙFẸ́NI Admirador.
OLÙFỌKÀNSÌN Religioso.
OLÙGBÀLÀ Salvador.
OLÙGBÉ Habitante.
OLÙKỌ́ Professor.
OLÙKÙ Amigo(a). Íntimo(a).
OLÚKÚLÙKÙ Cada. Todo.
OLÚKÚLÙKÙ ÈNÌYÀN Todo mundo.
OLÚODÒ Senhora do rio. Um dos oríkìs de Iemanjá.
OLÚỌDẸ Chefe dos caçadores.
OLÙPÈSÈ Abastecedor.
OLÙṢỌ́ Tutor. Zelador. Sentinela.
OLÙṢỌ́GBÀ Jardineiro.

OLÙTỌJÚ O mesmo que "olùṣọ́".
OLÙTỌJÚ ALÁÌSÀN Enfermeira.
OLÙTỌJÚ ALÁBOYÚN TÍ N RỌBÍ Parteira.
OLÚWA Mestre. Senhor. Dono.
OLÚWARẸ̀ Pessoa. Ele mesmo
OLÙWÒRAN Espectador(a). Plateia.
OMI Água.
OMI ÈSO Suco de fruta.
OMI ẸRAN Caldo. Sopa.
OMI IYỌ̀ ÒYÌNBÓ Xarope.
OMI ÒKUN Mar.
OMI ONÍYỌ̀ Água salgada.
OMIDAN Dama. Donzela.
OMIJÉ Lágrima.
OMINIBU Nascente de um rio nas profundezas de uma floresta.
ÒMINIRA Liberdade. Independência.
OMINÚ Temor.
ÒMÍRÀN Outro.
ÒNGBẸ Sede.
ÒNÍ Hoje.
ONÍBÀÁRÀ Freguês. Cliente.
ONÍBÁÁRÀ Mendigo.
ONÍDÀÁJỌ Juiz. Desembargador
ONÍFÀYÀWỌ Traficante.
ONÍGBẸ̀DU Tocador do tambor gbẹ̀du.
ONÍGẸDÚ Madeireiro.
ONÍGI Vendedor ou dono de madeira, lenha.
ONÍJÀ Senhor(a) da guerra, da briga ou da luta.
ONÍKÈÉTA Inimigo. Caluniador.
ONÍKÒKÓ Vendedor ou dono de cacau.
ONÍKÚPANI Traidor.
ONÍLÀÁKÀYÈ Inteligente. Sábio(a).

ONÍLÀPÁLÀPÁ Pessoa com doença de pele.
ONÍLÉ Dono(a) de casa.
ONÍLẸ̀ Onilé. Divindade cultuada como "o dono da terra", do solo.
ONINI Ẹ̀WÙ Botão.
ONÍPAMỌ́RA Humilde. Paciente.
ONÍRE Pessoa bondosa. Benevolente. Generosa.
ONÍRÈ Título atribuído ao rei da cidade de Irè. Nome dado a Ogum, como "senhor da cidade de Irè".
ONÍRÚURÚ Diversos. Vários. Várias.
ONÍSÙÚRÙ Paciente.
ONÍṢẸ́ Trabalhador. Contratador.
ONÍṢÈGÙN Herbanário. Curandeiro. Médico.
ONÍṢÈGÙN EHIN Dentista.
ONÍṢỌNÀ AṢỌ WÍWỌ̀ Alfaiate.
ONÍṢÒWÒ Negociante. Comerciante.
ONÍṢU Vendedor de inhame.
ONIWÁ TÚTÙ Cavalheiro.
ONÍYÈ Aquele(a) que tem o poder da mente.
ONJẸ Comida. Alimento. Provisão. Refeição. Pão.
ONJẸ ALẸ́ Janta.
ONJẸ (À)DÍDÙN Doces.
ONJẸ ẸRANKO Pastagem. Ração.
ÒNKÀ. Número.
ÒNKÀWÉ Leitor.
ÒNKỌ̀WÉ Escritor.
ONTO Rã.
ÒNWÒRAN Espectador(a). Plateia.
ÒÒFÀ Atração.
ÒÓGÙN Suor.
ÒÒGÙN Remédio. Veneno.

ÒÒGÙN OLÓMI Xarope.
ÒÒJỌ́ Diário.
OÓKAN ÀYÀ Seio. Peito. Coração.
ÒÒLỌ̀ Amolador. Moedor.
ÓÒRE Bondade. Generosidade. Hospitalidade. Ajuda. Auxílio. Favor.
ÒÒRÓ Vertical.
ÒÓRỌ̀ O mesmo que "òwúrọ̀".
OORU Calor.
OÒRÙN O sol.
ÒÓRÙN Cheiro.
ÒÓRÙN ẸNU Hálito.
ÒÓTỌ́ O mesmo que "òtítọ́".
ÒÒYÀ Pente.
ÒÒYÌ OJÚ Tontura.
ÒPIN Êxito. Fim. Finalidade. Ponta. Término.
ÒPIN ÈNIYÀN Destino. Morte.
ÒPIN IBI TÍ A NLỌ Destino final.
ÒPIN NKAN O termo de uma coisa. Resultado.
ÒPIN Ọ̀RÀN Catástrofe.
ÒPÓ Pilastra. Poste.
OPÓ'BÌNRIN Viúva.
OPÓ'KÙNRIN Viúvo.
ÒPÓPÓ Avenida. Rua. Estrada.
ORE Bondade.
ORE Ọ̀FẸ́ Graça.
ÒRẸ́ Amigo(a).
ORẸ Tatu.
ORÍ Cabeça. Destino. Parte de cima.
ÒRÍ Manteiga. Banha vegetal utilizada em rituais.
ÒRÍ ÀMỌ́ Manteiga.
ORÍ IRE Felicidade. Sorte.
ORÍ IRE ÀÌRÒTẸ́LẸ̀ Feliz coincidência. Sorte inesperada.

ORÍ ÌTÀGÉ Palco.
ORÍ ÒKÈ Cima. Topo da montanha.
ORÍGUN Esquina. Canto.
ORÍKÌ Texto de louvação ou de saudação contendo atributos ou elementos da história de uma divindade, família ou clã.
ORÍLẸ̀ ÈDÈ Nação. País.
ORIN Canção. Música. Cantiga. Cântico.
ORÍRE Cabeça de sorte. Boa sorte. Sorte.
ORÍSUN Fonte. Origem. Berço. Nascente.
ORÍSUN OMI Fonte de água. Nascente de rio.
ÒRÌṢÀ Divindade.
ÒRÌṢÀ OKO Divindade da agricultura.
ÒRÌṢÀLÁ Òrìṣà Nlá, "O Grande Orixá".
ORÍṢIRÍṢI Vários(a). Diversos(as).
ORÍTA Encruzilhada.
ORÍTAMẸTA Encontro de três ruas. Encruzilhada de três pontas.
ORÍTAMẸRIN Encontro de quatro ruas.
ORÒ Ritual. Culto. Liturgia.
ORÓ Dor. Angústia. Sofrimento.
ÒRO ÒYINBÓ Maçã.
ORÓGBÓ Semente da planta africana *Garcinia kola*. Utilizada como oráculo no culto aos orixás masculinos. Cola preferida por Xangô.
OROGÚN Mulher ou esposa rival.
OROGÙN Colher de pau.
OROMỌDÌẸ Pinto. Pintainho.
ÒRÓRÓ Óleo. Azeite. Óleo de oliva. Óleo de soja. Unção.
ÒRÓRÓ ÌPARA Loção. Perfume.
ÒRU O meio da noite. Noite fechada.
ÒRÙKA Anel. Argola.

ÒRÙKA ETÍ Brinco. Argola.
ORÚKỌ Nome.
ORÚKỌ ÀPÈLÉ Sobrenome.
ORÚKỌ ÌDÍLÉ Sobrenome.
ORÚKỌ RERE Renome. Nome limpo.
ORÙN Sol.
ORÚNKÚN Joelho.
ÒSÌ Esquerda. Lado esquerdo. Miséria. Dificuldades.
ÒSÚKÈ Soluço.
ÒSÙN Bengala ou bastão de metal usado pelo sacerdote de Ifá.
OSÙN Pó vermelho extraído da planta osùn (*Pterocarpus osun*), utilizado em iniciações e rituais no culto aos orixás.
ÒṢÁLÁ Divindade ligada ao mito yorubano da gênese, responsável pela criação dos homens. O mesmo que Òrìṣàlá ou Ọbàtálá.
OṢÉ Machado de duas lâminas consagrado a Xangô.
ÒṢÌKÀ Pessoa malvada.
ÒṢÌṢẸ́ Trabalhador.
OṢO Feiticeiro.
OṢOGBO Cidade da Nigéria onde fica o santuário de Oxum, orixá feminino das águas.
OṢOGIYAN No candomblé brasileiro, uma variação de Oxalá que se apresenta com aparência de adolescente. Oxalá menino. Ògìyán é o nome dado a Oxalá na cidade de Èjìgbò, sendo também título do rei da mesma cidade.
ÒṢÙ Massa em forma cônica que o iniciado recebe na cabeça por ocasião de sua iniciação.
OṢÙ Mês.
OṢÙ MÉJÌLÁ O mesmo que "Ọdún".

ÒṢÙMÀRÈ Oxumaré. Divindade do arco-íris representada por uma serpente.
ÒṢÙPÁ A Lua, considerada uma divindade.
ÒTÌTÀ Banco. Assento.
ÒTÍTỌ́ Verdade. Fato. Honestidade.
ÒTÚTÙ Frio. Resfriado. Gripe.
OUN Ele(a).
ÒUN NÍKAN Sozinho(a). Somente ele(a).
OÚNJẸ ALẸ́ OLÚWA Comunhão (católico).
OÚNJẸ ỌSÁN Almoço.
ÒWE Provérbio. Parábola.
ÒWÌWÍ Coruja.
ÒWÒ Comércio. Tráfico.
OWÓ Dinheiro. Capital. Moeda. Renda.
OWÓ ÀGBÀSÍLẸ̀ Adiantamento.
ÒWÒ ẸRÚ Escravatura.
OWÓ ẸYỌ Búzio.
OWÓ ẸYỌ WẸ́WẸ́ Búzio pequeno
OWÓ IBODÈ Imposto. Direitos alfandegários.
OWÓ NÍNÀ Moeda.
OWÓ ORÍ Imposto de renda.
OWÓ ÒDE Imposto. Taxa.
OWÓ ỌJÀ RÍRÀ Tarifa.
OWÓ ỌYÀ Salário.
ÒWÚ Algodão. Fio. Linha.
ÒWÚRỌ̀ Manhã.
ÒWÚSÚWUSÙ Garoa. Nuvem. Neblina.
ÒYE Compreensão. Imaginação. Jeito. Talento.
OYÈ Título. Cargo.
ÒYÍGÍ Pedra fixa sob as águas. *Fig*. Deus.
OYIN Mel de abelha. Abelha.
OYÚN Gravidez.

Ọọ

Ọ Você. Ex.: Mo fun ọ (eu lhe dei). O mesmo que "ìwọ".

ỌBA Rei. Soberano.

ỌBÀ Obá. Divindade feminina do rio Ọbà, na Nigéria. Segundo os mitos, foi uma das três esposas de Xangô.

ỌBABÌNRIN Rainha.

ỌBAKÒSO Deus do raio e do trovão, Xangô.

ỌBALUAIYÉ Obuluaiyê. Divindade ligada à terra, à febre, à varíola e às doenças endêmicas.

ỌBALÙFỌ̀N Faz parte do grupo dos "òrìṣà funfun", divindades ligadas à cor branca e aos primórdios da criação do mundo. Na África, é um dos grandes Ọ̀ọ̀ni (reis) que reinaram depois de Odùduwà em Ilé-Ifẹ̀. Foi deificado e é conhecido como Ọbalùfọ̀n Aláyémọrẹ.

ỌBARÌṢÀ Rei dos orixás. Um dos nomes atribuídos a Obatalá.

Ọ̀BÀTÁLÁ O mesmo que "Òṣálá".

ỌBẸ̀ Molho. Caldo. Sopa.

Ọ̀BẸ Faca.

Ọ̀BẸ ÌFÁRÍ Navalha usada no ato ritual de raspar a cabeça.

Ọ̀BỌ Macaco.

Ọ̀BỌ̀RỌ̀ Suave. Sem marcas nem escarificações (rosto).

Ọ̀DA Animal castrado.

Ọ̀DÀ Pintura. Tinta.

Ọ̀DÀLẸ̀ Traidor(a).

Ọ̀DÀN Campo. Planície.

Ọ̀DÀRÀ Nome atribuído a Exu, que significa "aquele que proporciona bem-estar ou coisas boas".

ỌDẸ Caçador.
ÒDÈDÈ Corredor.
ỌDẸLỌNÀ O caçador dono do caminho.
ÒDÓ Adolescente. Jovem.
ÒDÓMỌDÉ Jovem.
ÒDÓMỌBÌNRIN Moça.
ÒDÓMỌKÙNRIN Moço.
ỌDỌỌDUN Anualmente.
ỌDÚN **1.** Festa. Festividade. Aniversário. Festival. **2.** Ano. Idade.
ỌDÚNKỌDUN Qualquer ano. Qualquer festa.
ÒDÙNKÚ Batata-doce.
ỌFÀ Flecha. No candomblé brasileiro refere-se ao arco e flecha, símbolos do orixá Oxóssi.
ÒFÉ Grátis. De graça.
ÒFÒ Luto.
ỌFÒ Versos recitados para que um encantamento funcione. Encantamento através de palavras.
ÒFUN Garganta.
ÒGÁ Superior. Mestre. Chefe. Senhor.
ÒGÀ O mesmo que "agẹmọ".
ÒGÁGUN Comandante. General de exército.
ÒGÀNJÓ ÒRU Meia-noite.
ÒGÈDÈ Banana.
ÒGỌ **1.** Bastão de Exu (bastão esculpido em forma de pênis). **2.** Cacete.
ỌGỌ́RÙN-ÚN ỌDÚN Século. Cem anos.
ỌGBÀ Jardim. Quintal. Cerca.
ỌGBÀ ÌṢIRÉ Roda. Praça. Parque de diversão.
ỌGBÀ NLÁ Praça.
ÒGBẸ́NI Senhor.
ÒGBÈRÌ Pessoa não iniciada no culto aos orixás. O mesmo que "abíyán".

ỌGBỌ́N Jeito. Sentido. Talento.
ỌGBỌ́N Ẹ̀WẸ́ Sutileza.
ỌGBỌ́NKỌ́GBỌ́N O mesmo que "ọgbọ́n ẹ̀wẹ́".
ỌJÀ Mercado. Feira. Loja. Comércio. Compra. Praça.
Ọ̀JÀ **1.** Faixa de pano utilizada para enrolar a cabeça. **2.** Faixa de pano utilizada por mulheres yorubanas para sustentar os filhos que carregam nas costas. **3.** Marca de destaque das mulheres yorubanas, usadas por mulheres titulares nos cultos aos orixás.
ỌJÀ TÍTÀ Comércio. Tráfico.
Ọ̀JẸ̀ Sacerdote do culto a Egum.
Ọ̀JẸUN Glutão.
ỌJỌ́ Dia. Dias. Tempo. Data.
ỌJỌ́ ÌBÍ KRISTI Dia de Natal.
ỌJỌ́ KANRÍ Meio-dia.
ỌJỌ́ ÒNÍ Hoje.
ỌJỌ́ ORÍ Idade.
ỌJỌ́ ỌDÚN Dia de festa. Dia de aniversário.
ỌJỌ́ TÍ Ó ṢÁÁJÚ ỌJỌ́ ỌDÚN Véspera de uma festa.
ỌJỌỌJỌ́ Diariamente.
ỌKÀ Trigo. Milho.
Ọ̀KAN Um. Uma.
ỌKÀN Coração. Alma.
ỌKÀN IFẸ́ Afeição.
Ọ̀KAN ṢOṢO O mesmo que "ọ̀kanṣoṣo".
Ọ̀KANNÁÀ Mesmo.
Ọ̀KANṢOṢO Um ou uma só. Só. Somente.
Ọ̀KÀWÉ Leitor.
Ọ̀KẸ́ Saco. Conto (dinheiro).
ỌKỌ́ Enxada.
ỌKỌ̀ Canoa. Veículo.

ỌKỌ Marido. Esposo.
ỌKỌ̀ ABẸ ILẸ̀ Metrô.
ỌKỌ ÀFẸ́SỌ́NÀ Noivo.
ỌKỌ̀ AKÉRÒ Ônibus.
ỌKỌ̀ AYỌ́KẸ́LẸ́ Carro.
ỌKỌ̀ ILẸ̀ Veículo.
ỌKỌ̀ OJÚ IRIN Trem.
ỌKỌ̀ OJÚ OMI Navio.
ỌKỌ̀ OFURUFÚ Avião.
ỌKỌ̀ OKUN Navio.
ỌKỌ ỌMỌ ẸNI Genro.
ỌKỌ̀ RÉLÙWÉÈ O mesmo que "ọkọ̀ ojú irin".
ỌKỌLÓBÌRIN Esposo. Marido.
ỌKỌ̀ỌKAN Cada.
ỌKÙNRIN Homem. Macho. Varão.
ỌKÙNRIN JẸ́JẸ́ Cavalheiro.
ỌKÙNRIN TÍ AYA RẸ̀ KÚ Viúvo.
ỌKÙNRIN TÍ ÌYÀWÓ RẸ̀ KÚ O mesmo que "ọkùnrin tí aya rẹ̀ kú".
ỌLA Amanhã.
ỌLÀ Riqueza. Fortuna.
ỌLÁ Renome. Nobreza.
ỌLẸ Pessoa preguiçosa. Preguiçoso.
ỌLỌ́DUN Aniversariante. Dono da festa.
ỌLỌ Pedra de moer ou amolar.
ỌLỌ ATA Moedor.
ỌLỌ́GBÀ Jardineiro.
ỌLỌ́GBỌ́N Sábio. Inteligente.
ỌLỌ́JÀ Título atribuído ao rei de uma vila yorubana. Senhor do mercado. Nome dado a um Exu protetor dos mercados em algumas cidade nigerianas. Traficante.
ỌLỌLÀ Dono(a) da riqueza. Nobre. Barão.

ỌLỌ́PÀÁ Polícia.
ỌLỌ́RỌ̀ Rico. Barão.
ỌLỌ́RUN Olorum. Deus Supremo. Senhor do espaço infinito.
ỌLỌ́SÀ Um dos nomes dados a Iemanjá. Também o nome de uma lagoa.
ỌLỌ́SÁNYÌN Sacerdote de Ossaim.
ỌLỌ́ṢÀ Ladrão. Ladra.
ỌLỌ̀TẸ̀ Traidor.
ỌLỌ́TÍ Vendedor de bebida alcoólica. Alcoólatra.
ỌLỌ́YA Pessoa iniciada para Oiá.
ỌMỌ Filho(a). Criança.
ỌMỌ ADÌYẸ Pinto. Pintainho.
ỌMỌ ALÁDÉ Príncipe. Princesa.
ỌMỌ EWÚRẸ́ Cabrito.
ỌMỌ ÌKA Dedo
ỌMỌ ÌKA ẸSẸ̀ Dedo do pé. Artelho.
ỌMỌ ÌKA ỌWỌ̀ Dedo da mão.
ỌMỌ ILÉ-Ẹ̀KỌ́ Aluno(a). Estudante.
ỌMỌ ÌLÚ Cidadão.
ỌMỌ ÌSÀMÌ OBÌNRIN Afilhada.
ỌMỌ ÌSÀMÌ ỌKÙNRIN Afilhado.
ỌMỌ JÒJÒLÓ Bebê. Criança de colo.
ỌMỌ ONÍLÉ Lagartixa.
ỌMỌ ỌBA Príncipe. Princesa.
ỌMỌ Ọ̀DỌ̀ Criado. Empregado doméstico.
ỌMỌ ỌWỌ́ Bebê. Recém-nascido.
ỌMỌBA Filho(a) do rei.
ỌMỌBÌNRIN Menina. Filha.
ỌMỌBÌNRIN ỌBA Princesa.
ỌMỌDÉ Criança. Jovem. Bebê.
ỌMỌDÉ OBÌNRIN Filha.
ỌMỌDÉ ỌKÙNRIN Filho.

ỌMỌDẸ ọmọ + ọdẹ, filho do caçador. O mesmo que "ọmọ-ọdẹ".
ỌMỌGE Virgem.
ỌMỌLÓJÚ Filho(a) predileto(a).
ỌMỌKÙNRIN Menino. Filho. Rapaz.
ỌMỌKÙNRIN ỌBA Príncipe.
ỌMỌ́LE Contração de "Ọmọ" e " onílé". Lagartixa.
ỌMỌLU Orixá da varíola, da febre e das doenças contagiosas. O mesmo que "Ọbaluaiyé".
ỌMỌỌLÉ Criança de casa.
ỌMỌRỌDẸ Meninice. Infância. Juventude.
Ọ̀MU Pessoa que bebe demais.
ỌMÚ Peito. Seios de mulher.
ỌNÀ Arte. Decoração. Artesanato.
Ọ̀NÀ Caminho. Rua. Estrada. Entrada. Passagem. Maneiras. Jeito. Meio. Saída. Sentido.
Ọ̀NÀ GBÁNGBA Estrada.
Ọ̀NÀ GBÒÒRÒ Avenida.
Ọ̀NÀ ÌGBORO ÌLÚ Rua.
Ọ̀NÀ ÌRÀNLỌ́WỌ́ Recurso.
Ọ̀NÀ KÍNNÍ A primeira maneira. Em primeiro lugar.
Ọ̀NÀ ÒPÓPÓ Estrada.
Ọ̀NÀ ỌFUN Garganta.
Ọ̀NÌ Crocodilo.
ỌỌ̀NI Título do rei da cidade de Ilé-Ifẹ̀, na Nigéria.
Ọ̀PÁ Bengala. Bastão. Vara.
Ọ̀PÁ ITILẸ Bengala.
ỌPALÁBA Fragmentos de pote de barro.
ỌPARUN Bambu.
ỌPAṢORO Bastão de Oxalá. O mesmo que "opa òṣooro".
Ọ̀PẸ Palmeira.

ỌPẸ́ Agradecimento. Gratidão.
Ọ̀PẸ IFÁ Palmeira de Ifá. Variedade de dendezeiro (*Elaeis guinensis idolatrica*) que produz os coquinhos chamados "ikin Ifá" usados no jogo oracular.
Ọ̀PẸ́Ẹ̀RẸ̀ Jovem.
Ọ̀PẸ̀LẸ̀ Rosário de Ifá. Corrente ou cordão contendo oito meias nozes, que serve para fazer leituras oraculares.
Ọ̀PẸYINBO Abacaxi.
Ọ̀PỌ̀ Abundância.
ỌPỌLỌ Cérebro. Miolo.
Ọ̀PỌ̀LỌ́ Sapo.
Ọ̀PỌ̀LỌPỌ̀ Muitos. Muitas. Abundância. Abundante. Diversos. Vários. Várias.
ỌPỌ́N Tábua. Gamela. Tigela. Bacia.
ỌPỌ́N IFÁ Tábua redonda ou retangular onde se marcam os signos de Ifá.
Ọ̀RÁ Azeite. Bainha.
Ọ̀RÁ INÚ EGUNGUN Medula.
Ọ̀RÁNYÀN Oranian. Filho de Odudua e pai de Xangô que deu origem à dinastia dos reis de Ọ̀yọ́.
Ọ̀RẸ́ Amigo(a). Amizade. Camarada.
ỌRẸ Prêmio. Presente. Generosidade. Oferta. Brinde.
Ọ̀RẸ́-BÌNRIN Namorada.
Ọ̀RẸ́-KÙNRIN Namorado.
ỌRỌ̀ Riqueza.
Ọ̀RỌ̀ Palavra. Fala. Expressão. Comunicação. Frase. Assunto. Linguagem. Recado.
Ọ̀RỌ̀ ÀKỌLÉ Tema.
Ọ̀RỌ̀ ÀWỌN ÀGBÀ Provérbio. O mesmo que "òwe".
Ọ̀RỌ̀ ẸFẸ̀ Humor.
Ọ̀RỌ̀ ẸRÍN Piada.
Ọ̀RỌ̀ ÌPILẸ̀ Tema.

ỌRỌ ÌSỌKÚSỌ Tolice.
ỌRỌ ÌṢE Verbo.
ỌRỌ ÌYÀNJÚ Sermão.
ỌRỌ LÁÉLÁÉ Provérbio.
ỌRỌ SÍSỌ Linguagem. Palestra.
ỌRUN Céu. Espaço infinito. Mundo espiritual.
ỌRÙN Pescoço.
ỌRÚN Centena.
ỌRUN RERE Céu.
ỌRÙN ỌWỌ Pulso.
ỌRÚNMÌLÀ Orunmilá. Orixá patrono do oráculo de Ifá.
ỌSÀ Lagoa.
ỌSÁN Tarde. À tarde. De tarde.
ỌSÀN Laranja.
ỌSÁN GANGAN Meio-dia.
ỌSÀN TANJARINNI Tangerina.
ỌSÀN WẸWẸ Limão.
ỌSÁNYÌN Ossaim. Orixá patrono dos vegetais.
ỌSẸ Semana.
ỌSÌṢẸ Trabalhador.
ỌSỌ Beleza.
ỌSỌỌSẸ Semanalmente.
ỌṢẸ Sabão. Sabonete.
ỌṢẸ DUDU Sabão preto. Sabão da costa.
ỌṢẸ ÌWẸ Sabonete.
ỌṢỌ Adorno.
ỌṢỌỌSI Oxóssi. Orixá patrono da caça, da mata e responsável pela subsistência dos homens. Orixá patrono do povo de Kétu.
ỌṢUN Oxum. Orixá feminino das águas cultuado no curso do rio Ọṣun. Foi uma das três esposas de Xangô.

ỌTA O mesmo que "okúta". Pedra sagrada dos orixás.

Ọ̀TÁ Adversário. Antagonista. Inimigo.

ỌTÍ Bebida alcoólica.

ỌTÍ ÀGBÀDO Bebida feita com milho fermentado.

ỌTÍ BÍÀ Cerveja.

ỌTÍ ÈSO ÀJÀRÀ Vinho.

ỌTÍ PIPỌN Ato de fabricar bebidas alcoólicas.

ỌTÍ WÁÌNÌ Vinho.

Ọ̀TUN Novidade.

Ọ̀TÚN Lado direito.

Ọ̀TÚNLA Depois de amanhã.

ỌWỌ̀ Vassoura.

ỌWỌ́ Mão.

Ọ̀WỌ̀ Respeito. Reverência. Homenagem.

Ọ̀WỌ́ Série. Fila. Espécie. Linha.

ỌWỌ́ MÉJÌ Dois ponteiros.

Ọ̀WỌ́N Escassez.

Ọ̀WỌ̀Ọ̀WỌ̀ Respeitosamente.

Ọ̀WỌ̀Ọ̀WỌ́ Série por série.

ỌYA Oiá. Orixá feminino cultuado no rio Níger, na Nigéria. Considerada patrona e mãe dos Eguns. Era a esposa favorita de Xangô.

ỌYÀN Seio de mulher. Mama.

Ọ̀YẸ́ Época do frio. Outono.

ỌYẸGẸ A árvore da salvação.

Ọ̀YỌ́ Cidade da Nigéria, considerada o mais importante centro de culto a Xangô.

ỌYỌ̀N O mesmo que "ọyàn".

Pp

P'AJÁ Contração de "pa" e "ajá". Sacrificar o cachorro.

P'Ẹ̣JA Pescar. Matar peixe.

P'ẸRAN Contração de "pa" e "ẹran". Matar animal.

P'OGÙN Contração de "pè" e "òògùn". Fazer conjuração. Encantamento.

PA Matar. Sacrificar. Apagar. Extinguir. Desligar.

PA ÀGỌ́ Acampar.

PA ARA ẸNI Suicidar-se.

PA Ẹ̀HÌN DÀ Virar as costas. Ir embora.

PA KÚ Matar.

PA LÁRA Ferir. Prejudicar.

PA LÁYO Ganhar. Vencer em um jogo de ayò ou outro jogo qualquer.

PA L'Ẹ́RÌN-ÍN Divertir.

PA MỌ́ Conservar. Guardar.

PA NÍ ARA Aleijar. Ferir. Prejudicar.

PA RỌ́RỌ́ Acalmar. Sossegar.

PÀÁPÀÁ Especialmente. Particularmente. Mesmo(a). Até. Próprio.

PADÀ Voltar. Retornar. Tornar.

PÀDÁNÙ Perder.

PADÉ Fechar.

PÀDÉ **1.** Encontrar. Deparar. **2.** Encontro. Reunião. Festa.

PÀJÙBÀ Construir moradia temporária no campo ou ao ar livre.

PÁKÍ Mandioca.

PÁKÓ Tábua.

PÁKÓ TÍ A TẸ́ FÚN DÍDURÓLÉ Palco.

PALÁRA Ferir. Prejudicar.

PALẸ̀MỌ́ Preparar.
PAMỌ́RA Padecer. Resistir. Sentir.
PANÁ Apagar (fogo). Desligar (luz).
PANÁPANÁ Bombeiro.
PA'NI L'Ẹ́RÌN-ÍN Distrair.
PANLA Bacalhau.
PANṢAGÀ Adultério.
PANUMỌ́ Calar-se. Ficar quieto.
PÁPÁ Campo.
PÁPÁ ÌṢIRÉ Estádio.
PÁPÁ OKO TÚTÙ Pastagem.
PAPỌ̀ Juntamente.
PAPỌ̀ FI ṢE Ọ̀KAN Incorporar.
PÁRÁ Rapidamente. Repentinamente. Imediatamente.
PARADÀ Tornar. Trocar. Mudar-se. Transformar-se
PARAMỌ Ter cuidado. Esconder-se.
PARAPỌ̀ Reunir.
PARẸ́ Apagar. Eliminar. Limpar.
PARÍ Terminar. Completar. Acabar.
PARIWO Gritar.
PÀRỌ̀ Mudar. Trocar. Variar.
PARỌ́ Mentir.
PARỌ́RỌ́ Ficar tudo quieto.
PARUN Matar. Aniquilar.
PÀṢÁN Vara.
PÀṢẸ Ditar. Mandar.
PÀṢẸ FÚN Ordenar.
PÀṢỌ́N O mesmo que "pàṣán".
PÁTÁ Cueca.
PÁTÁ OBÌNRIN Calcinha.
PÀTÀKÌ Importante. Principal.
PÁTÁKÓ O mesmo que "pákó".

PAWỌ́ Contração de "patẹwọ". Bater palmas.
PÉ 1. Que. 2. Bom. 3. Perfeito. Sadio. 4. Completar.
PÈ Chamar. Convidar. Pronunciar. Convocar. Dizer encantamentos.
PÉ JỌ Reunir.
PÉPÁ ÌNÙDÍ Papel higiênico.
PÉPÁ ÌNUWỌ́ Guardanapo.
PÉRÉ Somente. Apenas. Só.
PÈSÈ Abastecer. Arranjar. Preparar.
PÈSÈ SÍLẸ̀ O mesmo que "pèsè".
PẸ́ Demorar. Atrasar. Longo. Tardar. Tarde. Continuar.
PẸJA Pescar.
PẸJAPẸJA Pescador.
PẸ̀LẸ́ Perdão. Desculpa. Calma.
PẸ̀LẸ́ Advérbio derivado de "ẹ̀sọ̀" e "pẹ̀lẹ́". De maneira branda, mansa, pacífica. Devagar. Pouco a pouco.
PẸLẸBẸ Plana. Achatada.
PẸ̀LẸ́PẸ̀LẸ́ Cautelosamente. Cuidadosamente. Devagarinho. Brandamente. Mansamente.
PẸ̀L'Ẹ́WÀ Contração de "pẹ̀lù" e "ẹwà".
PẸ̀LÚ E. Com. Também. Junto.
PẸ̀LÚ Ẹ Contigo.
PẸ̀LÚ Ẹ̀ Com ele. Com ela.
PẸLU ORI RERE Por sorte.
PẸ̀LÚPẸ̀LÚ Porém. Ora.
PẸPẸ Estante. Palco.
PẸ́PẸ́IYẸ Pato.
PẸTÙ SÍ Acalmar. Consolar. Pacificar. Sossegar.
PILẸ̀ Começar. Traçar planos.
PÍN Dividir. Distribuir. Partir. Partilhar. Repartir. Compartilhar. Destinar. Distribuir.

PIN Terminar.
PÍN FÚN Dispensar. Distribuir.
PÍN NÍ DÉÉDÉÉ Repartir igualmente.
PÍN NÍYÀ Separar.
PINNU Decidir. Destinar. Determinar. Pretender. Resolver.
PÍPA ARA ẸNI Suicídio.
PÍPÉ Perfeito.
PÌTÀN Contar história.
PÒKÌKÍ Elogiar.
PÒLÙ Misturar.
PÒÓRÁ Desaparece. Desapareceu.
PÓPÓ Avenida. Caminho. Estrada. Rua.
POPONDO Ervilha.
PÒPỌ̀ Misturar.
PÒTÉTÒ Batata.
PỌ̀ Abundante. Abundar. Amplo. Bastante. Estar. Grande. Muito. Numeroso.
PỌ̀ BÁYÌÍ Tanto.
PỌ̀ JU ÌGBẸ́ Ser numeroso.
PỌ̀ JÙLỌ O mais numeroso.
PỌ̀ PÚPỌ̀ Demasiado.
PỌ̀ SI Aumentar. Desenvolver.
PỌ̀ WỌ́PỌ̀ Barato.
PỌ́N Afiar. Amadurecer. Subir. Vermelho.
PỌ́N IGI Subir em árvore.
PỌ́N LÓJÚ Incomodar. Oprimir. Vexar. Afligir. Castigar.
PỌ́N NÍ OJÚ O mesmo que "pọ́n lójú".
PỌ́NLÉ Lisonjear. Adular.
PUPA Vermelho.
PUPA ẸYIN Gema.

PÚPỌ̀ Muito. Numeroso. Abundante.
PÚPỌ̀PÚPỌ̀ Muito. Demais.
PURỌ́ Mentir.

Rr

R'AÀBÒ Contração de "rí" e "ààbò". Achar ou conseguir a proteção de.
R'ABỌ̀ Contração de "rí" e "àbọ̀". Testemunhar o regresso de alguém.
R'AJÒ Contração de "rè" e "àjò". Viajar.
R'AṢỌ **1.** Contração de "rí" e "aṣọ". Conseguir roupa. **2.** Contração de "rà" e "aṣọ". Comprar roupa.
R'ODE Contração de "rè" e "òde". Sair. Ir à rua. Ir à praça. Ir à festa.
R'OHUN Contração de "rí" e "ohun". Conseguir alguma coisa. Achar algo.
R'OJÚ Contração de "rí" e "ojú". Rosto. Ver o olho. Ter tempo para fazer alguma coisa.
R'OUN Achar. Conseguir. Vê-lo ou vê-la.
RA Massagear.
RÁ Rastejar. Sumir. Desaparecer.
RÀ Comprar. Amarrar. Estragar-se (frutas). Decair.
RA MỌ́LẸ̀ Pisar.
RÀBỌ̀ Contração de "rà", "ni" e "àbọ̀". Comprar algo na volta.
RÀDỌ̀BÒ Abrigar. Acolher. Proteger.
RÀHÙN Reclamar.
RAJÀ Traficar. Comprar mercadoria.
RÀKUNMÍ Camelo.
RÀN Brilhar (sol). Espalhar-se.
RÁN Costurar.
RÁN AṢỌ Costurar roupa.
RÁN LÉTÍ O mesmo que "níran".
RÁN LỌ Mandar. Enviar.
RÀN LỌ́WỌ́ O mesmo que "ìrànlọ́wọ́".
RÁN NÍṢẸ́ Enviar. Mandar.
RÀNLỌ́WỌ́ Ajudar. Assistir. Sustentar.
RÁNTÍ Lembrar.

RÁNTÍ PẸLÚ ẸDÙN Lembrar com arrependimento.
RÀPADÀ Resgatar.
RÀRÁ Anão.
RÁRÁ Não. Nunca. Jamais.
RÁRÀ Uma espéce de música comum entre os yorubanos de Ọ̀yọ́.
RE Cair (cabelos).
RÈ Ir. Passar.
RE'LÉ Contração de "re" e "ilé". Ir para casa.
RE'RA **1.** Tomar conta do corpo. Possuir o corpo. **2.** Ser exigente.
REGEDE Claramente. Nitidamente.
REKỌJÁ Atravessar. Proceder.
RÉKỌJÁ ÀÀLÀ Demais. Passar dos limites.
RÉMU Exatamente.
RERE Bom. Boa. Bem. Honesta.
RETÍ Esperar. Aguardar.
RẸ Seu. Sua.
RẸ̀ **1.** Cansar. Enjoar. **2.** Dele. Dela.
RẸ́ JẸ Embrulhar. Enganar.
RẸ́ MỌ́ Amigar-se com alguém. Ter amizade por alguém.
RẸ́ PỌ̀ Combinar. Concertar. Estar em harmonia.
RẸ̀ SÍLẸ̀ Abaixar. Baixar. Humilhar. Descer.
RẸJÁ Comprar peixe.
RẸJÚ Adormecer. Dormir. Descansar.
RẸ́MỌ́ Ter amizade por alguém.
RẸ́RÌN Rir. Sorrir.
RẸ́RÌN-ÍN O mesmo que "rẹ́rín".
RẸ́WÀ Ser ou estar bonita. Adjetivo para mulher bonita.
RẸ̀WẸ̀SÌ Deprimido. Desanimado.

RÍ Ver. Parecer. Achar. Conseguir. Arranjar. Olhar as pessoas. Encontrar. Perceber.
RÍ Anteriormente.
RÌ Afundar.
RÍ GBÀ Adquirir. Conseguir.
RÍ OJÚ RERE Ganhar graças ou favor de alguém.
RÌ SÍNÚ OMI Afogar.
RÍGBÀ Receber.
RÍN O mesmo que "rẹ́rìn".
RIN Molhar. Ficar encharcado.
RÌN Andar. Ir. Passear.
RÌN DÁRADÁRA Andar bem.
RIN ÌRÌN ÀJÒ Viajar.
RÌN KÁÀKIRI Passear.
RÌN KÁNKÁN Andar depressa.
RÍNRIN Muito molhado(a). Muito úmido(a).
RÍRÀ Comprar.
RÍRAN Ver aparições. Referente a clarividência.
RÍRÀN Brilho (do sol).
RÍRÌ Valor.
RÍRÍ Ver. Enxergar.
RÍRÍ BÁKANNÁÀ Uniforme.
RIRO OKO Cultura. Trabalhar a terra.
RÍRÚ ÒFIN Cometer crime ou infração.
RÓ Soar. Fazer som. Barulho.
RO Pingar.
RÒ Achar. Pensar. Considerar. Convidar. Meditar. Imaginar. Ponderar. Parecer.
RÓ AṢỌ Amarrar pano em volta do corpo (maneira de usar a saia tradicional de mulheres nigerianas).
RO ÈRÒ SÍ LÁÌNÍ Ẹ̀RÍ Desconfiar de alguém sem ter provas.
RÒ JINLẸ̀ Concentrar. Meditar.

RÒ PỌ̀ Adicionar. Contar.
RÒ SỌ Redigir (redação).
RÒ WÒ Considerar. Pesar. Ponderar.
RÒHÌN Referir. Contar. Noticiar.
RONÚ Pense. Pensar. Medite. Meditar.
RONÚPÌWÀDÀ Arrepender. Arrepender-se.
RÒPIN Ficar em desespero.
RORÍ Pensar. Refletir.
RORÒ Ato ou efeito de uma pessoa ou um animal doméstico (cachorro) ser áspero, violento.
RỌ̀ **1.** Chover. Cair chuva. **2.** Acalmar. Pacificar. Suavizar.
RỌ́ Dobrar. Envergar.
RỌ́JÚ Aguentar.
RỌLẸ̀ Acalmar-se.
RỌRA Ter cuidado. Tomar cuidado. Saudação (expressão) de delicadeza com pessoas idosas. Vá com calma.
RỌRÙN Fácil.
RÙ **1.** Carregar. Trazer. Levantar. **2.** Estar magro. Magro. Seco.
RÚ Fazer sacrifício. Oferendar. Sacudir.
RÚ JÁDE Nascer. Surgir.
RÚ ỌKÀN SÓKÈ Ficar preocupado.
RÚ SÓKÈ Agitar (água).
RÚBỌ Sacrificar. Fazer sacrifício. Fazer oferenda.
RÚN Curtir. Moer. Quebrar.
RUN Demolir. Esbanjar (herança).
RÙN Cheirar (mal).

Ss

S'ỌRỌ̀ Contração de "sọ" e "ọ̀rọ̀". Falar. Dizer. Queixar-se.
SÁ Correr. Fugir. Escapar.
SÀ Saudar. Invocar. Louvar.
SÀ A Catar. Colher algo.
SÁ ERÉ Correr.
SÁ LỌ Fugir.
SÀÀMÌ SÍ Carimbar. Firmar. Marcar. Notar.
SÀÀMÌ SÍ LỌ́TỌ̀ Distinguir.
SABA Incubar. Proteger.
SAGATÍ Acampar.
SÀKÁNÍ Âmbito. Vizinho.
SÁLỌ Fugir.
SÁLÚBÀTÀ Chinelo. Sandálias.
SAN ÀSANTẸ́LẸ̀ Pagar adiantado.
SAN FÚN Compensar. Recompensar.
SAN GBÈSÈ Pagar dívida.
SAN PÁDÀ Reembolsar. Pagar. Repor.
SAN PÁDÀ FÚN Compensar.
SAN OWÓ Pagar.
SANRA Gordo.
SANWÓ Pagar.
SANWÓ FÚN Pagar alguém. Comprar.
SAPÁ Tentar. Esforçar-se.
SÁRÉ O mesmo que "sá eré".
SÁRÉ KÁNKÁN Correr rapidamente.
SÀRÉÈ Túmulo.
SÀRÚTÒ Cigarro. Charuto.
SÉ Fechar. Trancar. Bloquear.
SÈ Cozinhar.
SE ÀSÈ ÀPÈJẸ Festejar. Dar uma festa.
SẸ̀ Chuviscar. Cair bruma (Ìrì).
SẸ́ Negar. Coar.

SẸ DIẸ SI Logo.
SẸ̀GI Tipo de conta azul utilizada na confecção de colares.
SẸ́HÌN Contração de "se ẹ̀hìn". Cuidar das costas. Preservar a memória de um parente defunto.
SẸ́YÚN Abortar.
SÍ Ser. Estar. Haver. Existir. Usado em frases com "kò" (não) para formar o negativo. Ex.: Kò sí (não está. Não há. Não existe).
SÍI 1. Mais. **2.** Para ele.
SÌ 1. Além disso. **2.** Ainda.
SÍ I Mais.
SÍ NÍYÈ Conscientizar.
SÍBẸ̀ Para lá. Ainda assim. Mesmo assim.
SÍBẸ̀SÍBẸ̀ Ainda assim. Mesmo assim. Contudo. Ora. Porém.
SÍJÚ Abrir os olhos.
SÍKA Agir maldosamente.
SÍLẸ̀ No chão. Na terra.
SÍLẸ̀KÙN Abrir a porta.
SIMI Descansar. Folgar.
SIN Sepultar.
SÌN Cultuar. Adorar. Servir. Acompanhar. Seguir.
SÍN GBẸ́RẸ́ Ato de fazer incisões (cura) no corpo com finalidade religiosa ou mágica.
SÍN JẸ Copiar. Imitar. Zombar.
SIN ÒKÚ Sepultar.
SÌNRÚ Trabalhar. Servir.
SÍNSÍN JẸ Zombaria.
SÍNÚ Dentro.
SÍSAN OWÓ SILẸ̀ Pagar adiantado.
SÍSÈ Cozinhar.
SÍSÍNJẸ Mofa.

SÍSỌ Ato de falar.
SÍSỌ DI ỌGBA Empate.
SÍWÁJÚ À frente. Adiante.
SÍWÁJÚ ÀTI SÍWÁJÚ Mais e mais. Assim por diante.
SO 1. Brotar. Produzir. Render. **2.** Amarrar. Enforcar. Prender.
SO LÓKÙN Prender.
SO MỌ́ Afiliar. Apegar. Ligar. Unir.
SO PỌ̀ Ligar. Prender.
SO PỌ̀ MỌ́ O mesmo que "so mọ́".
SÓ RÒ Pendurar.
SOPỌ̀ Incorporar.
SÓRÍ Contração de "si" e "orí". Na cabeça. Sobre.
SỌ 1. Dizer. Revelar. Falar. Contar. Referir. **2.** Jogar. Atirar. Lançar. Arremessar.
SỌ ÀSỌTẸ́LẸ̀ Profetizar.
SỌ ÀSỌYÉ Dialogar.
SỌ́ ÀSỌYÉ PỌ̀ Debater. Discutir.
SỌ BÍ NKAN TI RÍ Descrever. Testemunhar. Falar a verdade.
SỌ DÁJÚ Assegurar.
SỌ DASÁN Aniquilar.
SỌ DÀṢÀ Acostumar-se. Criar o hábito.
SỌ DI ÀÌMỌ́ Poluir. Adulterar.
SỌ DI ALÁILÁGBÁRA Desarmar. Prejudicar.
SỌ DI ALÁÌLERA Ato ou efeito de tornar débil. Enfermo.
SỌ DI ASÍNWÍN Adoidar. Enlouquecer.
SỌ DI KÚKURÚ Abreviar.
SỌ DI LÍLE Consolidar.
SỌ DI MÍMỌ́ Limpar. Santificar.
SỌ DI ÒFO Anular.

SO DI ÒMINIRA Libertar. Alforriar.
SỌ DI ỌGBỌỌGBA Empatar.
SỌ DI ỌKAN Unir.
SỌ DI ỌMỌ Adotar.
SỌ DI PÚPỌ Multiplicar.
SỌ DÒFO O mesmo que "sọ di òfo".
SỌ DỌMỌ Adotar.
SỌ FÚN Contar. Comunicar. Transmitir.
SỌ FÚN TẸ́LẸ̀ Avisar.
SỌ IYE Taxar. Dizer o preço ou a quantidade de algo.
SỌ ÌTÀN Contar história.
SỌ TẸ́LẸ̀ Profetizar.
SỌDÁ Atravessar.
SỌ́DỌ̀ Junto a alguém.
SỌ̀KALẸ̀ Descer.
SỌ̀KALẸ̀ LÁTI INÚ ỌKỌ̀ Desembarcar.
SỌKUN Chorar. Lamentar. Reclamar.
SỌNÙ Perder. Perder-se.
SỌ̀Ọ́TỌ́ Confessar. Falar a verdade.
SỌ̀RỌ̀ Falar. Dialogar. Conversar. Expressar.
SỌ̀RỌ̀ SỌ Contração de "si", "ọ̀rọ̀" e "sọ". Falar o que não devia.
SỌYÉ Explicar.
SÚ Aborrecer. Cansar.
SÚFÈÉ Assobiar.
SÚKÈ-SÚKÈ Soluço.
SUN Assar. Torrar.
SÙN Adormecer. Dormir. Descansar.
SÚN JÁDE Surgir.
SÚN LÁTI ṢE NKAN KÍÁKÍÁ Urgente.
SUNMỌ Perto. Aproximar.
SÚNMỌ́DỌ̀ Aproximar-se. Chegar perto de.

SÚNMỌ́RA Próximos. Perto.
SÚRE Benzer. Abençoar. Santificar. Louvar. Rezar para.
SÚÙRÚ Paciência.
SUWỌ̀N Simpático. Agradável.
SUWỌ̀N JÙ Ótimo.

Ṣ'AWO Cultuar. Fazer o culto.

Ṣ'EGBÁ Contração de "ṣe" e "igbá". O mesmo que "fín igbá". Trabalhar cabaça.

Ṣ'EWÉ Contração de "ṣà" e "ewé". Colher folhas.

Ṣ'OHUN Contração de "ṣe" e "ohun". Fazer algo.

Ṣ'ORÍ KIKUN Ser teimoso. Fazer teimosia.

Ṣ'ORÒ Contração de "ṣe" e "orò". Fazer o culto. Cultuar. Fazer os rituais.

Ṣ'Ọ̀YÀYÀ Contração de "ṣe" e "ọ̀yàyà". Honra. Delicadeza. Respeito.

ṢÁ 1. Apenas. Só. **2.** Cortar. Gastar.

ṢÀ Catar. Colher. Apanhar. Ceifar. Escolher. Optar.

ṢÀ JỌ Compor. Reunir. Juntar.

ṢÁ LỌ́GBẸ́ Ferir (com a faca ou facão). O mesmo que "pa lára".

ṢA NIKỌKÁN Colher.

ṢA'RE Contração de "ṣà" e "ire". Colher sorte.

ṢÁ TÌ Recusar. Abandonar. Fazer pouco caso de alguém.

ṢA'WÉ Contração de "ṣà" e "ewé". Colher folha.

ṢAÁJÒ Contração de "ṣe" e "aájò". Ajudar. Dar apoio a um necessitado.

ṢÁÁJÚ Antes. Preceder. Antes de mais nada. Em primeiro lugar.

ṢÀÁRẸ̀ Ficar doente.

ṢÀBÙKÙ Comportar-se de maneira inaceitável.

ṢÀDÉHÙN Acordar. Comprometer-se

ṢÀÌDÁJÚ Precário.

ṢÀÌDÁRÁ Comportar-se mal.

ṢÀKÍYÈSI Atentar.

ṢÁKOLỌ Errar. Cair no erro.

ṢÀLÀYÉ Expor. Explicar-se. Desculpar-se.

ṢAMỌ̀NÀ Encaminhar.
ṢÀN Fluir. Passar.
ṢÀNFÀNI Tornar-se útil.
ṢÀNGÓ Xangô. Divindade do fogo, raios e trovões, originária de Ọ̀yọ́, Nigéria.
ṢÀNÍYÀN Ansioso.
ṢAṢARA Adereço feito com um feixe de hastes de folha de dendezeiro utilizado como objeto ritual de Obaluaiyê, o orixá das doenças e da febre.
ṢÁWORO Guizos. Conjunto de pequenos sinos de metal.
ṢẸ̀ Negar um fato.
ṢÈ Cozer.
ṢÉ Será que...? Usado no início de frase interrogativa.
ṢE Fazer. Construir. Desempenhar. Guiar. Criar. Fabricar. Instituir. Mandar. Render.
ṢE ÀÀMÌ SÍ Assinar. Marcar.
ṢE AÁPỌN Ocupar-se de alguma coisa.
ṢE ÀÁRẸ̀ Adoecer. Enjoar.
ṢE AÁSÌKÍ Esforçar-se.
ṢE ÀBÀWỌ́N SÍ Poluir.
ṢE ÀBÓJÚTÓ Administrar. Gerenciar.
ṢE ÀDÉHÙN Comprometer-se.
ṢE ÀFARAWÉ Imitar. Copiar o comportamento de outro.
ṢE ÀFIWÉ Comparar.
ṢE ÀFOJÚDI Tratar um superior com insolência. Ofender.
ṢE ÀFOJÚDI SÍ O mesmo que "ṣe àfojúdi".
ṢE AGÍDÍ Teimar.
ṢE ÀÌBÌKÍTÀ Cometer imprudência.

ṢE ÀÌBỌ̀WỌ̀ FÚN Desprezar. Faltar com respeito a um superior. Destratar.
ṢE ÀÌDÚRÓ NÍBÌKAN Vagar.
ṢE ÀÌFẸ́ Abominar.
ṢE ÀÌFIYÈSÍ Desleixar.
ṢE ÀÌGBẸ́KẸ̀LÉ Desconfiar.
ṢE ÀÌGBỌ́RÀN Desobedecer.
ṢE ÀÌJẸ́WỌ́ Negar um crime ou um ato repreensível.
ṢE ÀÌKÀSÍ Ignorar.
ṢE ÀÌMỌ́ Sujar.
ṢE ÀÌNÍ Necessitar. Precisar.
ṢE ÀÌSÀN Adoecer.
ṢE ÀÌSÍ Eufemismo para a morte.
ṢE ÀÌSÙN Acordar. Passar a noite em claro.
ṢE ÀJỌ̀DÚN Festejar.
ṢE ÀJỌPÍN Compartilhar. Partilhar.
ṢE ÀJỌYỌ̀ Celebrar. Comemorar.
ṢE ÀKÍYÈSI Notar.
ṢE ÀKÓSO Administrar. Mandar. Manejar. Gerenciar.
ṢE ALÁÌSÍ Morrer.
ṢE ÀLÀYÉ Explicar.
ṢE ÀMÓDI Adoecer.
ṢE ÀNÍYÀN Cuidar. Preocupar-se com alguma coisa.
ṢE ÀPÈJÚWE Descrever. Desenhar.
ṢE ÀPẸRẸ Descrever. Dar exemplo.
ṢE ÀRÒYÉ Reclamar.
ṢE ÀṢÀRÒ Estudar. Meditar.
ṢE AṢEPÉ Cumprir.
ṢE ÀṢÌṢE Errar.
ṢE AṢOJÚ FÚN'NI Representar alguém.

ṢE ÀTÌPÓ Morar em terra estrangeira.
ṢE ÀTÚNṢE Compensar. Corrigir. Mudar.
ṢE ÀWÁWÍ Arrumar desculpas.
ṢE ÀWÒTÁN Curar completamente.
ṢE DÁJÚ Assegurar.
ṢE DÀRÚDÀPỌ̀ Adulterar. Criar confusão.
ṢE DÉDÉ Acertar. Acomodar. Consertar.
ṢE ERÉ Jogar. Brincar. Interpretar.
ṢE Ẹ̀DÀ Tirar cópia. Xerocar.
ṢE FÀYÀWỌ́ Traficar. Contrabandear.
ṢE GÁFÁRÀ FÚN Deixar o campo livre para alguém.
ṢE ÌBÉÈRÈ Pedir. Perguntar.
ṢE ÌBẸ̀WÒ Inspecionar. Vistoria.
ṢE ÌDÁJỌ́ Criticar. Julgar.
ṢE ÌGÁRÁ Roubar. Cometer atos de banditismo.
ṢE ÌGBÉYÀWÓ Casar. Casar-se.
ṢE ÌLÀJÀ Reconciliar.
ṢE ÌLÉRÍ Decidir. Prometer.
ṢE INÚDÍDÙN Alegrar-se.
ṢE INÚDÍDÙN SÍ Mostrar-se contente com alguém.
ṢE ÌPẸ̀ Acalmar alguém.
ṢE ÌPÍNFÚNNI Administrar (testamento, herança).
ṢE ÌPÍNYÀ Despedir.
ṢE ÌRÀNLỌ́WỌ́ FÚN Ajudar.
ṢE ÌRÁNṢẸ́ Servir.
ṢE ÌRÁNTÍ O mesmo que "ṣe àjọyọ̀". Lembrar. Comemorar.
ṢE IRÉ Jogar. Brincar.
ṢE ÌRÍRA Abominar.
ṢE IṢẸ́ Suar. Trabalhar.
ṢE IṢẸ́ FÚN Servir. Ser empregado de alguém.

ṢE ÌTẸNUMỌ́ Insistir.
ṢE ÌTẸNUMỌ́ PẸ̀LÚ ÌBÚRA Jurar.
ṢE ÌTỌ́JÚ Conservar. Cuidar. Tratar.
ṢE ÌTỌ́JÚ ALÁÌSÀN Tratar o doente.
ṢE ÌTÚMỌ̀ Expor. Traduzir.
ṢE IWADI Investigar.
ṢE ÌWÁDÌÍ O mesmo que "ṣe iwadi".
ṢE JẸ́JẸ́ Comportar-se bem.
ṢE KÈÉTA Aprontar contra alguém.
ṢE KỌ́RỌ́ Torcer. Retirar-se subitamente.
ṢE LÀÁLÀÁ Preocupar-se. Suar.
ṢE LẸ́WÀ Adornar.
ṢE LÒDÌ SÍ Meter-se contra.
ṢE LỌ́SẸ́ Destruir. Ferir. Aleijar. O mesmo que "pa lára".
ṢE LỌ́ṢỌ̀Ọ́ Decorar. Enfeitar.
ṢE NÍ Ọ̀ṢỌ́ Adornar. Ornar. Enfeitar.
ṢE NÍWÒSÍ Ofender.
ṢE ONÍGBỌ̀WỌ́ FÚN Ser fiador de alguém. Apadrinhar.
ṢE ÒDÌ SÍ Opor.
ṢE ONJẸ Cozinhar. Cozer.
ṢE ORÍ IRE Afortunado. Prosperar.
ṢE ỌDÚN O mesmo que "ṣe àjọyọ̀".
ṢE ỌWỌ́ ÒDÌ SÍ Objetar.
ṢE PANṢÁGÀ Cometer adultério.
ṢE PARÍ O mesmo que "ṣe àṣepé".
ṢE PÀṢÍPÀRỌ̀ Mudar. Trocar. Falsificar.
ṢE PÀTÀKÌ Sério.
ṢE RERE Prosperar.
ṢE ṢÁÁJÚ ÀKÓKÒ Adiantar.
ṢE SÉGESÈGE Variar.
ṢE TÁN Acabar. Completar. Pronto. Terminar.

ṢE T'ẸNI Pertencer.
ṢE TÌKỌ̀ Hesitar.
ṢE WÀHÁLÀ Preocupar-se. Dar trabalho.
ṢE'BI Contração de "ṣe" e "ibi". Fazer maldade.
ṢẸ́GI Contração de "ṣẹ́ igi". Cortar lenha.
ṢÈKÉ Mentir. Fraudar.
ṢẸ́KÙ Sobrar.
ṢEKÚ PANI Trair. Entregar (a assassinos).
ṢÉPÈ Jurar. Maldizer.
ṢERÉ Brincar.
ṢE'RỌ́ Contração de "ṣe" e "irọ́". Ser mentira.
ṢETÁN O mesmo que "ṣe tán".
ṢẸ́ Quebrar. Romper.
ṢẸ Acontecer. Ocorrer. Vir a ser. Fazer-se. Realizar.
ṢẸ̀ Pecar. Ofender. Magoar.
ṢẸ́ KÙ Menos. Sobrar.
ṢẸ́ NÍ ỌṢẸ́ Ferir. Assaltar. Maltratar.
ṢẸ́'RA Abster-se.
ṢẸ'RA Ofender-se um ao outro (dois amigos).
ṢẸ́GUN Ganhar. Derrubar. Render. Vencer.
ṢẸ̀KẸ̀RẸ̀ Chocalho feito de cabaça e coberto com uma malha de contas, utilizado para produzir som.
ṢẸLẸ̀ Acontecer. Haver.
ṢẸ́PO Dobrar.
ṢẸ́RẸ́ Chocalho de cabaça ou metal, utilizado no culto para invocar Xangô.
ṢẸ́RÍ PADÀ Virar.
ṢẸ̀ṢẸ̀ Recentemente. Acabar de. Logo agora.
ṢẸ̀YẸ FÚN Honrar. Homenagear.
ṢẸ́YÚN Abortar.
ṢÍ **1.** Abrir. **2.** Para. Destinado a (cartas)
ṢÍ IPÒ PADÀ Eufemismo para dizer que alguém morreu ou foi demitido do emprego.

ṢÍ KIRI Vagar. Vago.
ṢÍ LÉTÍ Advertir.
ṢÌ LỌNÀ Enganar.
ṢÍ MỌ Adicionar.
ṢÌ MÚ Confundir por outra pessoa.
ṢÍ NÍDÌÍ Afastar.
ṢÍ NILU Desterrar.
ṢÍ NÍYÈ Ensinar. Conscientizar.
ṢÌ RÒ Pensar errado.
ṢÍ SÍLẸ̀ Abrir. Ficar vago (emprego).
ṢÍBÍ Colher.
ṢÍBÍ ẸLẸ́GÀ Garfo "amúga".
ṢÍBÍ GÍGÙN Concha. Caço.
ṢÌNÀ Errar.
ṢÍNṢÍN Firmemente. Fortemente.
ṢÍPAYÁ Abrir.
ṢÌPẸ̀ Fazer súplica. Interceder. Intervir.
ṢÌPẸ̀ FÚN Consolar. Confrontar.
ṢÍPÒ PADÀ Eufemismo para dizer que alguém morreu ou foi demitido.
ṢIRÉ No candomblé brasileiro o ṣiré equivale à festa do orixá. Dançar. Brincar. Festejar. Jogar. Divertimento.
ṢIRÉṢIRÉ O que não pode ser levado a sério. Brincadeira.
ṢÍRÒ Avaliar. Calcular. Contar.
ṢIṢẸ́ Trabalhar. Funcionar. Ocupar.
ṢÍṢE ÀÌBÌKÍTÀ Trabalhar sem muita dedicação.
ṢÍṢÍ NÍDÌÍ Ato ou efeito de afastar alguém de um cargo ou de um lugar.
ṢÍṢÍ SÍLẸ̀ Estado de estar aberto.
ṢÍÚN Pouco. Pouquinho.
ṢÍWÁJÚ Preceder. Ir na frente. Tomar a dianteira.

ṢÍWỌ́ Parar.
ṢIYÈMÉJÌ Duvidar. Hesitar.
ṢÒDÌ SÍ Contrariar. Objetar.
ṢÒFINTÓTÓ Investigar. Vigiar.
ṢÒFÒ Perder-se.
ṢÓFO Vagar. Vago. Vazio.
ṢOJO Faltar coragem. Amarelar.
ṢÓKÍ Breve.
ṢÒKÒTÒ Calça.
ṢÒKÒTÒ GBỌỌRỌ Calças.
ṢÒKÒTÒ GÍGÙN Calças.
ṢÒKÒTÒ PÉNPÉ Calção.
ṢÓKÙNKÙN Escuro.
ṢÓNṢÓ Pontiagudo.
ṢÒRO Difícil. Complicado.
ṢORORO Fluir livremente.
ṢOṢO Só. Único.
ṢOWÒ Traficar. Fazer comércio.
ṢỌ́ Guardar. Velar. Zelar.
ṢỌDẸ Caçar.
ṢỌDÚN NKAN Comemorar algo.
ṢỌ̀NGÓ Forma arcaica de escrever "Ṣàngó" (Xangô).
ṢỌ̀NPỌ̀NNỌ́ O mesmo que "Ọmọlu".
ṢỌTẸ̀ Fazer conjuração contra alguém.
ṢỌ̀WỌ́N Referente a uma pessoa ou alguma coisa que é tido(a) como caro(a). Precioso(a).
ṢÚ Escurecer.
ṢUBÚ Cair (pessoa).
ṢUBÚ LU'LẸ̀ Cair.
ṢÚGÀ Açúcar.
ṢÙGBỌ́N Mas. Contudo. Ora. Porém.

Tt

T'Á Contração de "tí" e "àwa". Que nós. Se nós.

T'AIYÉ ṢE Contração de "tún aiyé ṣe". Melhorar o mundo. Melhorar a vida.

T'ÁLÀ Contração de "ti" e "àlà". Da pureza. Puro.

T'ARA MỌ́ Contração de "tẹ ara mọ́". Persistir.

T'AWA Contração de "ti" e "àwa". Nosso. Nossa.

T'Ẹ Contração de "tí" e "ẹ̀nyin". Que vocês. Se vós. Caso vocês.

T'ẸNI Estender a esteira.

T'Ẹ́NÌKAN Contração de "tí" e "ẹnìkan". Usado em orações condicionais.

T'Ẹ̀RÍN Contração de "ti" e "ẹ̀rín". Sorrindo.

T'ẸRỌ̀ Espalhe a calma. Antídoto. Solução.

T'Ẹ̀YẸ Contração de "ti" e "ẹ̀yẹ".

T'ÍLẸ̀ MỌ́ Contração de "tí", "ilẹ̀" e "mọ́". Quando amanhecer.

T'O Contração de "tí" e "òun". Que ele. Que ela. Se ele. Se ela.

T'Ó LÉRÍ Referente àquilo que está sujo.

T'ỌKÀN-T'ỌKÀN De coração.

T'ORÍ BỌ̀ Colocar ou meter a cabeça em. Envolver-se.

TÀ Vender.

TA **1.** Pular. Saltar. **2.** Jogar. **3.** Picar. **4.** Iluminar.

TA KÉTÉ Abster-se. Afastar-se

TÁ L'ỌRẸ́ Premiar. Recompensar. Gratificar.

TA NI Quem é?

TA NKAN Vender.

TA ÒRÓRÓ SÍ Ungir.

TA ṢÀṢÀ Apressar-se.

TA YỌ Ultrapassar.

TA'WA L'ỌRẸ́ Recompense-nos. Gratifique-nos. Dê prêmios ou benefícios para nós.
TÀÀRÀ Direito.
TÁBÀ Tabaco.
TÁBÀ TÍ A FI EWÉ WÉ Cigarro.
TÀBÍ O mesmo que "àbí". Conjunção "ou".
TÁBÌLÌ Mesa.
TÀBÙKÙ Ridicularizar.
TÀDÁWÀ Tinta.
TAJÀ Comercializar.
TAJÍ Acordar. Despertar-se.
TÀKÌTÌ Tombar. Cair.
TAKÒ Opor-se a alguém ou alguma ideia.
TAKỌ-TABO Referente a homens e mulheres. Macho e fêmea.
TAL'O BẸ Ọ Quem lhe pediu?
TÁLÁKÀ Pobre.
TÁLẸ́NTÌ Talento.
TAN Acabar. Finalmente. Completamente. Totalmente.
TÀN Ligar. Acender. Brilhar. Espalhar-se. Enganar.
TAN INÁ Acender (fogo). Ligar (luz).
TÀN JẸ O mesmo que "tànjẹ".
TÀN KÁLẸ̀ Estender. Espalhar.
TÀN ṢE OHUN BÚBÚRÚ Tentar.
TANI Quem é?
TANÌ YẸN? Quem está aí?
TÀNJẸ Enganar. Embrulhar.
TANNÁ Acend Conjunção er lâmpada ou vela.
TÁNNGANRAN Porcelana.
TÀPÁ SÍ Desobedecer a alguém. Contestar a autoridade de alguém.
TÁYÀ Pneu.

TAYỌ̀TAYỌ̀ Alegremente. Com muito prazer.
TÈMI Meu. Minha.
TÉNTÉ Na ponta.
TÈTÈ Depressa. Rápido.
TẸ́ Envergonhar-se.
TẸ̀ Pisar. Pôr o pé. Abaixar. Curvar. Torcer.
TẸ́ ETÍ SÍLẸ̀ Escutar. Prestar atenção.
TẸ IBÙDÓ Acampar.
TẸ̀ LÁAGO Telefonar.
TẸ̀ LÓRÍ BA Humilhar. Render.
TẸ̀ RẸ́ Pisar.
TẸ̀ SIWÁJÚ Adiantar. Continuar. Proceder.
TẸ̀DÓ Fundar. Construir. Formar. Morar. Habitar. Estabelecer.
TẸ́JÚ Referente ao que tem um aspecto suave. Uniforme. Nivelado.
TẸ̀LÉ Imitar. Seguir.
TẸ́LẸ̀ Antes.
TẸLẸ̀ Contração de "tẹ ilẹ̀". Pisar o chão.
TẸ́LỌRÙN Satisfazer. Contentar.
TẸNUMỌ́ Insistir. Afirmar. Destacar. Salientar. Acentuar.
TẸRÍBA Obedecer. Ter uma postura humilde.
TẸ́RÙN Referente ao que é suficiente.
TẸ́TẸ́ Jogo de azar.
TẸ́TÍ Preste atenção. Escute.
TẸ́TÍ SÍ Escutar.
TẸ́WỌ́GBÀ Aceitar. Receber.
TÍ Que. Se. Caso.
TI **1.** De. **2.** Já (pretérito) Partícula que precede o verbo para formar frase no passado.
TÌ Fechar. Trancar.
TÍ A FI OHÙN SỌ Referente ao que é dito oralmente.

TÍ A GBỌ́DỌ̀ ṢE KÍÁKÍÁ Urgente.
TÍ A KÒ GBỌ́DỌ̀ FI FALẸ̀ O mesmo que "tí a gbọ́dọ̀ ṣe kíákíá".
TÍ A KÒ LÈ KÀ Inúmeros.
TÍ A LÈ FẸ́ Desejável.
TI ÀGBÁYÉ O mesmo que "ti gbogbo ẹ̀dá".
TI AKỌ Referente a varão. Macho.
TI ERÙPẸ̀ Referente a areia.
TI GBOGBO AYÉ O mesmo que "ti gbogbo ẹ̀dá".
TI GBOGBO Ẹ̀DÁ Universal.
TI GBOGBO ÈNÌYÀN Comum.
TÌ Í Empurre-o(a).
TÍ ÌGBÀ ÀTIJỌ́ Referente à antiguidade, ao tempo passado.
TI ÌGBÀLÓDÉ Referente ao tempo atual, à contemporaneidade. Novo. O que está na moda.
TÍ ÌGBẸ̀HÌN Pertencente ao último.
TI IGBÓ Referente ao mato.
TI ÌKẸHÌN O mesmo que "tí ígbẹ̀hìn".
TI ILÉ AYÉ Pertencente ao mundo, à vida humana.
TI ILẸ̀ Referente à terra. Terreno.
TI ÌLÚ MÍRÀN Relativo ao estrangeiro.
TI INÁ BỌ̀ Incendiar.
TI ÌPARÍ O mesmo que "tí ìgbẹ̀hìn".
TI ÌṢỌ̀KAN Referente a união.
TI ÌTÒSÍ Relativo ao que fica perto.
TI ÌWÀ ỌMỌLÚÀBÍ Relativo ao bom comportamento. Moral.
TI ÌWÀ RERE Relativo ao bom comportamento. Moral.
TÌ JÁDE Despejar. Demitir.
TÍ KÒ GA Relativo ao que é baixo.
TÍ KÒ JINÁ Relativo à comida crua. Cru.

TÍ KÒ LÈ KÙNÀ Infalível.
TÍ KÒ MỌ́ O mesmo que "t'ó lérí".
TÍ KÒ RÁYÈ Ocupado. Atarefado.
TÍ KÒ ṢÒRO Fácil.
TÍ KÒ WỌ́N Barato.
TÌ LẸ́HÌN Sustentar. Torcer.
TÍ Ó BÁ ARA MU Uniforme.
TÍ Ó BÁ YÁ Depois. Na hora certa.
TÍ Ó DÁJÚ Infalível.
TÍ Ó DÁRA Relativo ao que é bom.
TÍ Ó GBẸ̀HÌN Último.
TÍ Ó JẸ́ T'ẸNI Próprio.
TÍ Ó KẸ́HÌN O mesmo que "tí ó gbẹ̀hìn".
TÍ Ó LAJÚ Culto.
TÍ Ó LÈ RÌN Móvel.
TÍ Ó LẸ́GÀN Imperfeito.
TÍ Ó LÓKÌKÍ Famoso(a).
TÍ Ó N ṢÍṢẸ́ LỌ́WỌ́ Relativo ao que está ocupado.
TÍ Ó NÍ Ẹ̀KỌ́ Culto. Educado.
TÍ Ó NÍ OHÙN Relativo ao que produz som.
TÍ Ó NÍYÌ Famoso(a). Notável.
TÍ Ó PÉ Inteiro.
TÍ Ó PỌ̀ JÙ LỌ Relativo a maior quantidade.
TÍ Ó RÉKỌJÁ Relativo ao que ultrapassa a expectativa.
TÍ Ó RẸLẸ̀ Baixo. Humilde.
TÍ Ó ṢE FIYÈSÍ Notável.
TÍ Ó WỌ́PỌ̀ Comum.
TÍ Ó YÍPADÀ Vários. Várias. Diverso.
TI OHÙN Relativo ao som. Vocal.
TI OKO Relativo ao campo. Zona rural.
TI ORIN Relativo a música.
TI TÒSÍ Próximo. Perto.

TIANTIAN Abundantemente.
TÌẸ Seu. Sua.
TIẸ̀ Dele. Dela.
TÍÌ Chá.
TIJÚ Contração de “ti” (de) e “ojú” (olho). Expressão que significa timidez.
TÌMÙTÌMÙ Almofada.
TÍNRÍN Fio. Magro. Fino.
TINÙ Dentro. De dentro.
TINYÌN Seu(s). Sua(s). De vocês.
TÌRẸ Seu(s). Sua(s). Teu(s). Tua(s).
TIRẸ̀ Dele. Dela.
TÌRÓÒ Maquiagem.
TISALẸ De baixo. Embaixo.
TÌṢÁÁJÚ Anterior.
TÍTÀN Brilho.
TÍTẸ́WỌ́GBÀ Aceito. Aceitável.
TÍTÍ DI Até.
TÍTÍ DI ÌGBÀ O mesmo que “tití di”.
TÍTÓBI Enorme.
TITUN Novo. Nova. Fresco.
TIWA Nosso(s). Nossa(s).
TIWỌN Deles. Delas.
TÓ Suficiente. Bastante. Bastar.
TÒ Organizar. Ordenar.
TÓ FÚN Ser suficiente.
TÒ JỌ Compor. Organizar.
TÒ LẸ́SẸẸSẸ Arranjar. Concertar. Elaborar. Ordenar. Regular.
TÓBI Grande. Ser grande. Amplo.
TÓBI JÙ Maior.
TÓBI PÚPỌ̀ Enorme. Muito grande.
TÒLÓTÒLÓ Peru.

TÓÓRÓ Estreito.
TÒÓTỌ́ Real. Verdadeiro.
TÓRÍ B'OMI Meter a cabeça na água. Batizar com água.
TORÍ PÉ Pois. Porque.
TỌ́ **1.** Acertar. Corrigir. Disciplinar. Educar. Guiar. **2.** Afrontar. Zangar. **3.** Tocar.
TỌ̀ Urinar.
TỌ̀ LẸ́HÌN Seguir.
TỌ́ SÍ Caber. Pertencer. Merecer.
TỌ́ SÍ Ọ̀NÀ Encaminhar.
TỌ́JÚ Guardar. Velar. Zelar. Cuidar.
TỌ́KA SÍ Expor. Referir.
TỌRỌ Implorar. Pedir. Rogar. Orar. Pretender. Tomar emprestado.
TỌRỌ ÀFORÍJÌ Desculpar-se. Pedir desculpa.
TÚ Abrir. Afrouxar. Desamarrar.
TU Cuspir.
TÙ Acalmar. Pacificar. Remar.
TÙ NÍNÚ Confortar. Consolar.
TU Ọ̀KỌ̀ Conduzir. Remar barco.
TÚ SÍLẸ̀ Soltar.
TÚ SÍ WẸ́WẸ́ Desmembrar.
TÚ SÍLẸ̀ Desamarrar. Dispensar. Folgar. Libertar. Soltar. Tirar.
TÚBỌ̀ Mais. Além.
TÚBÚ Cadeia. Cela.
TÚJÁDE Sair em grupo e de maneira apressada.
TÚJÚKÁ Animar-se.
TÚKÁ Dispensar. Separar.
TUKỌ̀ Dirigir. Guiar (carro ou barco).
TÙMÁATÌ Tomate.
TÚMỌ̀ Traduzir. Explicar. Resolver.

TÚNBỌ̀MÚRA Tentar outra vez. Redobrar seus esforços.
TÚN Também. Novamente.
TÚN FI SÍ IPÒ Restituir.
TÚN Ọ̀RỌ̀ Ẹ̀LÒMÍRÀN SỌ Citar.
TÚN SỌ Repetir.
TÚN WÍ Repetir.
TÚNBA Decair. Render-se. Submeter-se.
TÚNṢE Acomodar. Repetir. Consertar. Corrigir. Regular. Reparar.
TUNTUN Novo. Nova.
TÙRÀRÍ Incenso.
TUTỌ́ Cuspir.
TÚTÙ Pacífico. Frio.
TUTÙ Gelado. Fresco. Molhado. Molhar.
TUTÙ NÍ Ọ̀KÀN Manso de coração.
TUTÙ NINI Muito frio. Gelado.
TÚYÀGBA Abundante. Grande quantidade.

Uu

U Pronome indicativo de objeto direto da 3ª pessoa do singular (usado para verbos contendo a vogal "u"). O. A. Lhe. Ex.: Olùkọ́ lù ú (O professor o[a] castigou).

UM Suspiro. Expressão sonora. Som de respiração.

ÚN-HÙN Não. Assim não.

ÙN-HÚN Sim. É assim.

UN TO Antes que eu faça alguma coisa... Ex.: ki n to jade (antes de eu sair...).

UYẸ́ O mesmo que "ìyẹ́". Pronúncia do dialeto èkìtì e ijexá-yorubano.

UYẸN O mesmo que "ìyẹn" pronunciado por uma pessoa de fala èkìtì ou ijexá.

Ww

W'EWÉ Procurar folha. Ver a folha (para fazer chá e banhos rituais).

W'ẸSẸ̀ Lavar os pés.

WA Nosso(s). Nossa(s). Nos. Conosco.

WÁ Vir. Buscar. Procurar.

WÀ Ser. Estar. Existir. Haver. Residir. Dirigir (automóvel, barco).

WÁ KIRI Procurar. Buscar.

WÀ LÁÀYÈ Viver. Sobreviver. Viva.

WÀ LÁÀYÈ LẸ́HÌN IKÚ ẸLOMÍRÀN Sobreviver.

WÀ LÁÌṢIṢẸ́ Ficar desempregado.

WÀ LÁSÁN Viver por viver.

WÀ NÍ ÀÌLÓOKUN Viver com enfermidade.

WÀ NÍ ÀÌSỌRỌ̀ Calar-se.

WÀ NÍ ÒMÌNIRA Livre. Liberto.

WÁ NÍBÍ Venha aqui.

WA ỌRÙN KÌ Teimar.

WÀ TÍTÍ Continuar para sempre.

WÁDÌÍ Buscar. Cavar. Criticar. Medir. Pesquisar. Ponderar.

WÀHÁLÀ Aflição. Adversidade. Catástrofe. Oprimir.

WÁÌNÌ Vinho.

WÁJÌ Índigo. Anil. Pó azul extraído de plantas indigóferas, usado em rituais.

WÁKÀTÍ Horas.

WÁKIRI Buscar.

WAKỌ̀ Contração de "wa ọkọ̀". Remar. Dirigir.

WALẸ̀ Cavar.

WÀRÀ Leite.

WÀRÀKÀSÌ Queijo.

WÀRÀWÀRÀ Depressa. Rapidamente. Instantaneamente.
WÁRÌRÌ Arrepiar. Tremer.
WÁYÀ Telegrama.
WÁYÉ Haver. Acontecer.
WÀYÍ Agora. Desta vez.
WÉPỌ̀ Torcer.
WÉRE Rapidamente. Imediatamente.
WÈRÈ Louco. Doido.
WÉRÉWÉRÉ Muito depressa.
WẸ̀ Lavar. Banhar. Tomar banho.
WẸ̀ MỌ́ Limpar.
WẸ́LẸ́WẸ́LẸ́ Frequentemente. Constantemente.
WẸ̀MỌ́ Limpar.
WẸ́RẸ́ Calmamente. Sem esforços.
WẸ́RẸ́WẸ́RẸ́ Pouco a pouco. Devagar. Brandamente.
WẸ́WẸ́ Miúdo.
WÍ Dizer. Expressar. Falar. Referir.
WÍ FÚN Avisar.
WÍNRÍN Pequenino. Miúdo.
WINNI Pequenino. Chuvisco.
WÍWÁ A chegada. Busca.
WÍWÀ BÁKANNÁÀ Empate.
WÍWÀ LÁÀYÈ Ato ou efeito de continuar vivo.
WÍWÁDÌÍ Investigação. Pesquisa.
WÍWO OMI Fazer adivinhação mediante uso de água.
WÍYÉ Explicar.
WÓ Cair.
WÒ Olhar. Ver. Observar. Assistir.
WÓ LULẸ̀ Cair. Demolir.

WOLÉ Inspecionar a casa.
WOLÉWOLÉ Inspetor de lar. Oficial da higiene pública, encarregado de fiscalizar as residências para detectar e destruir focos de dengue e outras infecções.
WÓLẸ̀ Cair no chão para render homenagem.
WOLẸ̀ Olhar para o chão. Fórmula de saudação para os mais velhos.
WÒÓ Olhe para isso, olhe para ele ou ela.
WÒYE Observar. Imaginar. Pensar. Perceber. Ponderar.
WỌ Entrar.
WỌ́ Arrastar. Curvar. Puxar. Torcer.
WỌ̀ Afundar. Pôr. Ingressar. Usar. Vestir.
WỌ̀ AṢỌ Vestir. Pôr roupa.
WỌ AṢỌ ÌGBÀ ÒTÚTÙ Agasalhar.
WỌ BÀTÀ Calçar.
WỌ ILÉ Entrar (casa).
WỌ̀ LÁRA Acostumar. Viciar.
WỌ̀ LÁṢỌ Vestir roupa. Dar roupa para alguém.
WỌ̀ LÓJÚ **1.** Tentar. **2.** Referente ao que é irresistível.
WỌ ỌKỌ̀ Embarcar.
WỌ̀ SÍ Hospedar-se.
WỌLÉ Entrar numa casa. Ingressar.
WỌ́N **1.** Caro(a). Escasso. Raro. **2.** Forma abreviada de "àwọn". Eles. Elas.
WỌN Lhes.
WỌ̀N Medir. Pesar.
WỌ̀N LỌ̀GBỌỌGBA Balançar.
WỌNÙ Ingressar. Penetrar.
WỌ̀NYI Estes. Estas. Esses. Essas.
WỌ́PỌ̀ Comum. Regular.

WỌ̀ṢỌ O mesmo que "wọ̀ aṣọ".
WỌ́TỌ́ Cuspir. Salivar.
WÙ Agradar. Contentar. Crescer (planta).
WU L'ÉWU Colocar em perigo.
WÚ LÓRÍ Adular. Lisonjear.
WÚKỌ́ Tossir.
WÚLÒ Útil. Servir.
WÚ'NI LÓRI Agradar. Contentar.
WÚNDÍÁ Solteira. Virgem.
WURE Abençoar. Benzer. Orar para.
WÚWO Pesado. Sério.

Yy

Y'ÁGBÀ KÁ Contração de yí, àgbà e ká.

Y'ODÒ Contração de "yùn" e "odò". Ir ao rio.

YÁ O mesmo que "yára". Apressar-se. Faça depressa.

YA Rasgar. Debordar (água, barragem).

YÀ Abrir. Desviar-se. "Yàgò lọ̀nà." Dar ou ceder o caminho.

YA ÀWÒRÁN Desenhar. Fazer retrato. Tirar foto.

YÀ LẸ́NU Surpreender. Admirar-se.

YA'NI LẸ́NU Provocar ou produzir efeito surpreendente.

YÀ NÍ IPA Separar com força.

YÀ NÍPA Dividir. Desconectar. Desvincular.

YA Ọ̀LẸ Preguiçoso.

YÀ SỌ́TỌ̀ Destacar. Distinguir. Isolar.

YADI Ficar mudo.

YÀGÒ Com licença. Dar licença.

YÀGÒ FÚN Evitar.

YÁJÚ Agir com impertinência.

YÁJÚ SÍ Afrontar. Desrespeitar a uma pessoa superior.

YÀLÀ Forma alternativa de "tàbí".

YAN Assar. Torrar.

YÀN Eleger. Escolher. Optar. Votar.

YÀN FÚN Destinar.

YÀN SÍLẸ̀ Destinar.

YÁNÁ Esquentar. Aquecer-se.

YANGÀN Vangloriar-se.

YANGAN Milho seco.

YÁNGI Pedra de laterita que representa Exu. Nome dado a Exu.

YÁNGIYÁNGI Acidentado.

YANJÚ Resolver. Resolvido.
YANRÌN Areia.
YÁRA Ágil. Apressar-se. Depressa. Leve. Pronto.
YÀRÁ Quarto. Sala.
YÀRÁ ẸLẸ̀WỌ̀N Cela.
YÀRÁ ÌDÁNÁ Cozinha.
YÀRÁ ÌKÀWÉ Biblioteca.
YÀRÁ ÌKỌ́WÈÉ Sala de aula.
YÁRAYÁRA Depressa.
YARỌ Aleijado.
YÀTỌ̀ Diferente.
YÉ Sim. Pôr. Botar (ovo). Compreender. Entender.
YE O mesmo que "yèyé".
YÈ Sadio. Viver. Salvar-se. Sobreviver.
YEGE Passar. Ter êxito.
YEMỌJA Iemanjá. Divindade feminina do rio Ògún em Abẹ́ọ̀kúta, na Nigéria. No Brasil é considerada "a rainha do Mar". Seu nome significa: Yèyé e ọmọ e ẹja (mãe dos filhos peixes).
YÈYÉ Mãe.
YÉYE Caro(a). Precioso(a). Valioso(a).
YẸ Certo. Correto. Adequado.
YẸ̀ Evitar. Desviar-se de.
YẸ̀ SẸ́HÌN Adiar.
YẸ́ SÍ Elogiar.
YẸ̀ SÍ ÀKÓKÒ MÍRÀN Adiar.
YẸFÚN Referente a "ẹfun" (giz branco) ou "ìyẹ̀fun" (farinha).
YẸ̀N Aquele. Aquela. Aquilo.
YẸ̀PẸ̀ Areia. Terra. O mesmo que "erùpẹ̀".
YẸRA FÚN Evitar.
YẸRÍ Brinco.

YẸRÌ Anágua.
YẸTÍ Brinco.
YÍ Virar.
YÍ BÌRÍ Girar-se por completo.
YI Contração de "eleyi". Este. Esta. Esse. Essa. Isto. Isso.
YÍ LỌKÀN PADÀ Converter.
YÍ PADÀ Mudar. Converter. Tornar. Variar. Virar.
YÍ PO Torcer. Cercar.
YÍ OJÚ SÍ Olhar.
YIGBÌ Pesado.
YIKA Em volta de. Ao redor de. Rodear.
YIN Vocês. Vós. Vosso. Vossa.
YÌN Abençoar. Aclamar. Admirar. Louvar. Glorificar. Exaltar. Saudar. Elogiar.
YÌN LÓGO Adorar. Glorificar.
YÌN NÍPA PÍPA ÀTẸ́WỌ́ Aclamar.
YÌNYÍN Neve.
YÍPADÀ Mudar.
YÍYÀN Ato ou efeito de eleger através do voto.
YÍYÍ Ato ou efeito de voltear.
YÍYỌ̀ FÚN Parabenizar.
YÓ Ser ou estar satisfeito (depois de comer).
YORÙBÁ Idioma falado na região sudoeste da Nigéria. Nome étnico genérico adotado pelos descendentes de Odùduwà. Pessoa nascida no território yorùbá.
YỌ **1.** Aparecer. **2.** Nascer (sol, dia).
YỌ̀ Ficar alegre. Alegrar-se. Folgar.
YỌ̀ FÚN Parabenizar.
YỌ JÁDE Aparecer. Comparecer. Surgir.
YỌ KÚRÒ Abstrair. Desligar. Despedir. Menos.

YỌ LẸ́NU Incomodar. Atrapalhar.
YỌ̀ MỌ́ Cumprimentar.
YỌ NÍNÚ EWU Resgatar. Sobreviver.
YỌJÚ Aparecer. Comparecer. Surgir.
YỌ̀Ọ̀DA Entregar. Deixar algo para alguém. Desistir de alguma coisa.
YỌRÍ Completar. Terminar.
YÚN 1. Coçar. **2.** Forma dialetal dos verbos "frequentar" e "ir".
YÙN Cortar aos poucos (árvore).

BIBLIOGRAFIA

A Dictionary of the Yoruba Language. Ibadan: Oxford University Press, 1980.

ABIMBOLA, W. *Awọn Ojú Odù Mẹ́rẹ̀ẹ̀rìn-Dínlógún*. Ibadan: Oxford University Press, 1977 e Ibadan: University Press PLC, 2005.

ABRAHAM, M. A. *Dictionary of Modern Yoruba*. Londres: University of London Press Ltd., 1958.

AIYEMI, K. A. & COSTA, J. H. da. *Noções de yoruba*. São Paulo: Tema, 1978.

AYOH'OMIDIRE, F. *Akọ́gbádùn: Abc da língua, cultura e civilização iorubanas*. Salvador: EDUFBA/ CEAO, 2004.

AYOH'OMIDIRE, F. *Pèrègún e outras fabulações da minha terra*. Salvador: EDUFBA/CEAO, 2006

BAMGBOṢE, Ayọ. *A Short Yoruba Grammar*. Ibadan: Heinemann Educational Books, 1985.

BARROS, J. F. P. *A fogueira de Xangô: O orixá do fogo*. Rio de Janeiro: Pallas, 1999.

BARROS, J. F. P. *O banquete do rei Olubajé*. Rio de Janeiro: Pallas, 1999.

BENISTE, J. *As águas de Oxalá* (*Àwọn Omi Òṣàlá*). Rio de Janeiro: Bertrand Brasil, 2002.

HOLANDA, S. B. de. *Dicionário da língua portuguesa*. São Paulo: Globo, ANO.

ÌDÒWÚ, G. B. *Uma abordagem moderna ao yorùbá (nagô)*. Porto Alegre: Palmarinca, 1990.

KAYỌDE, M. & OLUYẸMI, M. *Cânticos dos orixás em yorùbá*. Rio de Janeiro: Prince produções, 1991.

VERGER, P. *Notas sobre o culto aos orixás e voduns*. São Paulo: Edusp, 1999.

SANTOS, J. E. dos. *Os nàgô e a morte*. Petrópolis: Vozes, 1986.

Este livro foi impresso em maio de 2024,
na Impressul em Jaraguá do Sul.
O papel do miolo é o offset 70g/m² e o da capa é o cartão 250g/m².